El beso del cielo es un libro [que nos permite] conocer lo precioso de la historia que hay detrás de "Canta al Señor", un canto que ha motivado alabanzas a Dios sobre toda la faz del planeta. Es la historia de la vida de una compositora extraordinaria y líder de alabanza; de su crecimiento, al entender las maravillas que provienen de encontrar el favor de Dios, de caminar con ese favor y de descubrir con asombro los dones generosos que el cielo espera conceder a cualquiera que, con sencillez y sinceridad, dé un paso hacia los caminos de Dios, y siga a Jesús hasta encontrar los propósitos más elevados del designio benévolo del Padre para la vida de cada uno de nosotros.

DR. JACK W. HAYFORD

RECTOR HONORARIO, THE KING'S COLLEGE AND SEMINARY

Dios ha usado a Darlene Zschech para tocar las vidas de millones de personas en todo el mundo a través de sus canciones. Sin embargo, a medida que crece su éxito como artista y compositora, nunca ha dejado de crecer en Cristo, y su compromiso con la excelencia espiritual y musical me sigue desafiando y animando. Siempre me ha impresionado algo que Darlene dice durante sus conciertos: "En el mundo, el sistema dice que puedes ser usada si eres hermosa, talentosa y especial, pero en el Reino de Dios todos son aceptados, son bienvenidos y hermosos a sus ojos". Al mismo tiempo que usted lea *El beso del cielo*, ¡ruego que comience a ver los planes maravillosos que Dios tiene para usted y que tenga el valor de avanzar hacia todo lo que Dios le tiene preparado! ¡Qué travesía más emocionante!

DON MOEN

MÚSICO, LÍDER DE ALABANZA Y CANTANTE

COMPOSITOR DE LA CANCIÓN "SENDAS DIOS HARÁ"

La búsqueda apasionada de Darlene por encontrar el propósito de Dios ha hecho que Él le infunda favor en cada área de su vida, lo cual es mucho más que escribir un libro, es lograr una vida realizada. Darlene comparte de una manera práctica y reveladora los principios de Dios, sencillos y a la vez profundos, que le darán la libertad de ver la realización de su sueño a través de una abundancia del favor del cielo.

NANCY ALCORN
PRESIDENTA Y FUNDADORA DE MERCY MINISTRIES

Darlene Zschech es bien conocida por dirigir e inspirar a miles de 'adoradores sin reservas' ('extravagantes', como ella les llama) en todo el mundo a tocar el cielo y a cambiar la tierra; sin embargo, aunque Dios la ha levantado a una plataforma internacional de ministerio, siempre se mantiene humilde y asombrada ante su gracia y su favor. En este libro, Darlene describe la revelación paulatina de la travesía personal en que se encuentra con el Señor de su vida, y cómo la experiencia del "beso" de Dios ha impactado el curso de su existencia. En vez de intentar promover su propio don, Darlene descubrió la poderosa verdad de buscar primero el Reino de Dios, y ha sembrado su propia vida para que crezca la Iglesia. Los pensamientos de ella lo inspirarán a usted a buscar a Dios con todo el corazón; y, al hacerlo, a poder vivir la vida que quizá tan solo ha soñado.

BRIAN HOUSTON
PASTOR PRINCIPAL, IGLESIA HILLSONG

EL BESO
del CIELO

Para : Mi Nanis

De : Harold, Mercedes y Camilita.

Nanis gracias por ser una madre
tan especial, que Dios te bendiga hoy
svempre. Esperamos que te guste
sea de bendiciones este libro que
Señor nos ha mostrado.

Feliz dia Nanis.

"Nunca se apartará de tu boca este
noche meditarás en él, para que
que en él está escrito; porque entonces
te saldrá bien."

EL BESO

El favor de Dios *que* hace

DARLENE

LIBRO DE LA LEY, SINO QUE DE DÍA Y DE
GUARDES Y HAGAS CONFORME A TODO LO
HARÁS PROSPERAR TU CAMINO, Y TODO

Josué 1:8

del CIELO

POSIBLE EL SUEÑO DE SU VIDA

ZSCHECH

CASA
CREACION
A STRANG COMPANY

El beso del cielo por Darlene Zschech
Publicado por Casa Creación
Una compañía de Strang Communications
600 Rinehart Road
Lake Mary, Florida 32746
www.casacreacion.com

A menos que se indique lo contrario, todos los textos bíblicos
han sido tomados de la versión Reina-Valera de la *Santa Biblia*,
revisión 1960.

Traducido por: Pica y 6 Puntos con la colaboración de
Raúl García Corona, Salvador Eguiarte D.G. (traducción) y
Elsa Galán de Poceros (edición)

Los significados de algunas palabras fueron tomados de la
Concordancia exhaustiva Strong y del *Diccionario expositivo Vine*
(Copyright © 2002/1999: Editorial Caribe)

Diseño interior:
Grupo Nivel Uno, Inc.

ISBN: 1-59185-442-3

Library of Congress Control Number: 2004106053

Impreso en los Estados Unidos de América

03 04 05 06 07 ❖ 8 7 6 5 4 3 2

Para Amy, Chloe y Zoe Jewel,
mis tres princesas.
Su futuro impulsa mi presente.
Ustedes nos enseñaron a buscar
el intercambio con el cielo.
La mayor recompensa en la tierra
es el honor de ser su mamá.

Agradecimientos

AGRADECIMIENTOS

A mi magnífico esposo, Mark, quien me inspira continuamente a soñar en grande… a que vivamos juntos la mejor vida que jamás pudiéramos imaginar. Gracias por dar tu vida para ayudar a que el sueño de Dios se realice en tantas personas. Me encanta ser la elegida de Dios para ti.

A Patrick Judd, cuya visión original de la necesidad de esta obra, lo llevó a reunir al equipo que hizo que fuera posible. Gracias por tu apoyo continuo y por tu corazón entregado al Reino de Dios.

A Miffy Swam, mi fiel amiga, cuya ayuda con la investigación y la redacción de mis notas mantuvo el libro en marcha hasta terminarlo. El lugar que ocupas en la vida es inspirador. Me honra tenerte en mi mundo.

A Josh Bonett, gracias de nuevo por tu corazón, por ver a través de los ojos de un artista y por tu actitud de hacer lo que sea necesario para servir al propósito mayor.

A Kristy Langford, Lisa Sylvester, Mel Hope, Tam Tickner, Simone Ridley; a todos los maravillosos amigos cuyas vidas se unen con la nuestra; también a nuestro equipo de alabanza y artes creativas; así como a los pastores y a las personas que se congregan en Hillsong Church (Iglesia Hillsong), que son nuestra familia. Consideramos un honor y un gozo servir a Dios a su lado. Un reconocimiento especial a mi pastor, Brian Houston, y al pastor Robert Fergusson por sus enseñanzas siempre inspiradoras que enmarcan mi mundo continuamente. Gracias.

A Eugene Petersen por *The Message* (El mensaje)… gracias.

A Steve Laube, editor de Bethany House (Casa Betania), cuya excelencia de corazón dio claridad al trabajo.

A Cris Bolley… por poner en marcha mi bolígrafo… y por permitir que el sueño que se formó en mi corazón se hiciera realidad.

A mi maravilloso Jesús…
mi deseo es vivir mi vida
como una ofrenda a ti.

"Y [JESÚS] DIJO: DE CIERTO OS DIGO, QUE SI NO OS VOLVÉIS Y OS HACÉIS COMO NIÑOS, NO ENTRARÉIS EN EL REINO DE LOS CIELOS. ASÍ QUE, CUALQUIERA QUE SE HUMILLE COMO ESTE NIÑO, ÉSE ES EL MAYOR EN EL REINO DE LOS CIELOS."

Mateo 18: 3-4

Índice

Favor

- AYUDA, SOCORRO QUE SE CONCEDE A ALGUIEN.

- ACCIÓN EN BENEFICIO Y UTILIDAD DE ALGUIEN.

- EXPRESIÓN DE AGRADO.

- HONRA, BENEFICIO, GRACIA.

- PREFERENCIA EN LA GRACIA Y CONFIANZA DE ALGUIEN.

Introducción

El poder del favor

Me siento encantada de que usted se encuentre leyendo este libro. Pido a Dios que su corazón reciba inspiración y ánimo al leer estas páginas llenas de historias y verdades escritas para alimentar su alma, para desafiar su vida y para, tal vez, pintar un cuadro un poco diferente de lo que es el favor de Dios, de cómo se ve, cómo se escucha y cuál es el propósito que debe cumplir en la vida de usted.

Más allá de toda duda, creo que cada uno de nosotros, sin importar de dónde provengamos o en dónde nos encontremos, hemos sido creados con amor, modelados por nuestro hermoso Dios; y se nos ha confiado, sí, confiado, este período de la historia. (¡Qué responsabilidad más abrumadora!). Este hecho debería llevarnos a vivir vidas guiadas por un propósito. Vividas con pasión. Con el entendimiento de que nuestro tiempo en la tierra no nos fue dado como un regalo solo para nosotros, sino que nuestras vidas deben levantar las de los demás.

Si todo lo anterior le suena un poco fantástico e irreal o si usted no ha tenido un encuentro personal con Jesucristo, por favor continúe conmigo hasta el final del libro. El mayor deseo del cielo es que usted conozca a este maravilloso Salvador, y que a través de esa vida con Cristo descubra cómo es *vivir en Él*, es decir, vivir con libertad, propósito y favor. Al final del libro encontrará una oración que usted puede hacer para realizar un compromiso con Cristo y andar en sus caminos. ¡Qué magnífico!

"Beso del cielo"… La palabra *beso* es relevante porque indica intimidad y un intercambio que ocurre únicamente cuando se está cerca. Es gracioso que muchas personas desean el fruto del favor de Dios (su beso) pero no están dispuestas a quedarse cerca de Él para hacer lo que les pide y para amar y vivir conforme a su Palabra. Él anhela estar cerca de usted y solo está esperando que usted desee estar cerca de Él.

En un principio se me pidió escribir este libro porque muchas personas querían saber cómo fue que "Canta al Señor" (*Shout to the Lord*), escrita por una chica australiana, pudo convertirse en uno de los cantos de adoración preferidos en todo el mundo. ¿Pudo haber sido por el *favor*? Desde su lanzamiento, en 1993, se ha grabado en más de cincuenta álbumes y se ha traducido a muchos idiomas, que incluyen húngaro, danés, francés, italiano, mandarín, japonés y sueco. Se ha interpretado en servicios de iglesias, convenciones, conciertos, bodas y hasta en funerales. Cuando se lanzó, fue la canción que se desplazó con más rapidez en la historia de Christian Copyright License (CCLI) [Licencias Cristianas de Derechos de Autor], que representa la popularidad de todas las canciones que se cantan en las iglesias. Se ha cantado en lugares asombrosos como el Vaticano y la Casa Blanca. En todo el mundo se transmitió la imagen del boxeador Evander Holyfield cantando "Canta al Señor" en su vestidor, justo antes de su pelea por el campeonato mundial contra Mike Tyson, en 1997.

La "gran historia" que hay detrás de esta canción trata del favor inmerecido que Dios nos otorga. Porque yo no me senté un día con la intención de componer una canción que provocara algo en las naciones, y a mí me sorprende más que a nadie que esta oración personal haya tocado tantas vidas. De hecho, la *gran historia* que ha cautivado mi corazón y se ha convertido en el libro que usted ahora sostiene en sus manos, se refiere a la asombrosa, increíble y abrumadora grandeza de nuestro amoroso Dios, quien ha mostrado, y sigue mostrando, su *enorme* gracia a todos nosotros. Él nos ha dado mucho y todos los días recibimos el beso de su gracia. Él planeó que nuestras vidas llevaran favor, es decir, que sirvieran al mundo a través de los dones que nos ha dado. Puedo ver al compositor John Newton escribiendo aquella letra que suena tan parecida a lo que es mi vida: "¡Sublime gracia del Señor, que a un infeliz salvó!" [Himno *Sublime Gracia (Amazing Grace)*]. Mi corazón está agradecido con mi amoroso Dios, quien literalmente me salvó.

Desde mi adolescencia he escrito canciones, pero nunca me consideré una compositora. El día en que las palabras de "Canta al Señor" brotaron de mí, fue un día en que me sentí abrumada por la vida, pues parecía que las circunstancias me asfixiaban y no había salida. La vida era una rutina difícil… puro trabajo arduo, sin nada que fluyera de él.

Con desesperación necesitaba la paz de Dios cuando abrí mi Biblia en los Salmos y leí:

Cantad a Jehová cántico nuevo;
Cantad a Jehová, toda la tierra.
Cantad a Jehová, bendecid su nombre;
Anunciad de día en día su salvación.

Proclamad entre las naciones su gloria,
En todos los pueblos sus maravillas.
SALMO 96:1-3

Mi corazón comenzó a fortalecerse. Y enseguida leí la promesa de que Dios guarda las vidas de sus hijos y los libra de la mano del malvado:

Luz está sembrada para el justo,
Y alegría para los rectos de corazón.
Alegraos, justos, en Jehová,
Y alabad la memoria de su santidad.
SALMO 97:11-12

Y seguí leyendo hasta llegar al Salmo 100, donde pude sentir el grado creciente de verdad que el salmista debió conocer mientras escribía estas palabras:

Cantad alegres a Dios, habitantes de toda la tierra.
Servid a Jehová con alegría;
Venid ante su presencia con regocijo.
Reconoced que Jehová es Dios;
Él nos hizo, y no nosotros a nosotros mismos;
Pueblo suyo somos, y ovejas de su prado.
Entrad por sus puertas con acción de gracias,
Por sus atrios con alabanza;
Alabadle, bendecid su nombre.
Porque Jehová es bueno; para siempre es su misericordia,
Y su verdad por todas las generaciones.
SALMO 100

Tras leer estas magníficas palabras, me senté frente a mi amado y viejo piano desafinado que mis padres me obsequiaron cuando tenía cinco años de edad. Algunas de las teclas ni siquiera servían, pero comencé a adorar y a tocar..., a orar y a cantar..., y poco después, "Canta al Señor" fluyó de mi corazón. Todo el canto salió en tan solo veinte minutos (¡desearía que todas las canciones se pudieran escribir con la misma rapidez!). Lo canté una y otra vez y me elevó a una nueva altura de fe. En esa temporada en especial difícil de mi vida, sencillamente expresé un deseo genuino de alabar, y pronto mi corazón se levantó de nuevo. Seguí cantando la canción durante los días siguientes, y con el tiempo se me ocurrió que podría ser un cántico de alabanza para cantarse en la iglesia. Dios bendijo esas palabras, las *besó* con su favor y escogió usarlas para liberar a las personas con la verdad de su misericordia y su gracia.

Cuando la interpreté por primera vez, me sentí incómoda por estar ante nuestros ministros de música. Tenía las manos sudorosas y ¡simplemente estaba muy nerviosa! Comencé a tocar el piano, me detuve y me disculpé. Esto sucedió varias veces incluso antes de empezar a cantar. La única manera en la que finalmente pude tocarla fue que les pedí que se voltearan y me dieran la espalda. Todavía sonrío al recordar cómo miraban con paciencia hacia la pared mientras cantaba para ellos esa primera vez.

Todos aclamaron ese canto como grandioso, pero, honestamente, a mí me parecía que solo estaban siendo amables. Después, cuando el pastor Brian Houston lo escuchó por primera vez, predijo que se cantaría alrededor del mundo. El resto es historia; *su historia*. El favor de Dios estaba sobre ese canto y Él hizo todo el trabajo necesario para compartirlo con todo el mundo.

Todavía no se grababa en un álbum, cuando comencé a recibir cartas de personas que ya lo cantaban en sus iglesias, algo que no había sido mi propósito. El anhelo de mi corazón era llevar un sacrificio de adoración, no escribir melodías que compartieran tantas personas. Lo que sucedió es que Dios me rescató, como es su naturaleza, puso un himno de alabanza en mi corazón a través de su Palabra, en los Salmos, y después fue Él quien llevó esa canción al mundo.

Cuando vuelvo a leer este pasaje en los Salmos, puedo oír bramar al mar y ver a las montañas postrarse. Cuando la compuse, solo ofrecí mi amor verdadero al Señor asombrada de quién es Él. Y sé que *nunca* me dejará, porque, como en esa ocasión, Él siempre brinda una salida.

Favor. ¿Qué significa para usted esa palabra? ¡Estoy segura de que la definición que Dios tiene de lo que es su *favor* en nuestras vidas está mucho más allá de lo que jamás nos atreveríamos a imaginar! *Favor* suena como algo bastante intangible, reservado para un puñado de personas especiales. Es casi como un deseo, un sueño lejano, un rayo de luz inmaterial. Quizá para usted el favor se parezca a tener una casa y en ella a su familia, a comprar un auto o una nueva casa, o a ganar la lotería. Si somos realistas, vemos que el favor para mi vida es diferente al favor para la suya, porque usted *no reconocerá que en una situación ha recibido el favor de Dios a menos que sea importante para usted.* Eso es lo maravilloso de nuestro Dios de amor, que confeccionó a cada uno de nosotros de una forma magnífica y única, de modo que podamos ver sus planes cumplidos en la tierra.

Le garantizo que cuando tenga una comprensión saludable de la gracia y el favor de Dios, será lleno de la "[…] alegría para los rectos de corazón" (Salmo 97:11). Y entenderá y estará consciente de que en su vida participa esa hermosa mano con la cicatriz de los clavos. Sé, por ensayo y error, que amar a Dios con *todo* el corazón trae una sensación incomparable de realización.

Mientras usted lee, le comunicaré, por medio de mi testimonio, cuatro llaves que me han ayudado a abrir mi corazón al amor de Dios. Son cuatro aspectos a los que usted debe consagrar, dedicar completamente, su corazón: a su Palabra, a su alabanza, a sus caminos y a su obra. Cuando use estas llaves, su corazón se abrirá al amor de Dios, que es más hermoso de lo que podría describirse con palabras; y encontrará que, *al amarlo a Él*, usted se realizará y sentirá su sonrisa, mientras vive el sueño que Dios ya tiene para su vida.

SIENTA SU SONRISA...

El beso del cielo

Uno

El beso del cielo

La primera vez que usé la frase "beso del cielo" fue justo después del nacimiento de nuestra primera hija, Amy Jaye. En ese entonces estaba tratando de encontrar una manera de describir lo que es *saber* que has llegado a donde estás, gracias a una intervención sobrenatural. Creo que desde que puedo recordar, en mi corazón siempre había deseado ser madre; por eso, años antes de nuestro embarazo, empecé a reunir objetos para bebé. ¡Tenía algunos que tenían escrito el nombre de *Amy*! En verdad estoy sumamente agradecida con mi esposo, por su perdurable paciencia; por no truncar mis esperanzas cuando recolectaba mi colección de artículos para bebé.

Cuando Amy venía en camino, yo ya estaba *completamente* lista para que mi sueño se hiciera realidad. Mi idea de la maternidad, digna de un cuento de hadas, me mostraba acostada en la cama del hospital rodeada de rosas color marfil (mi flor preferida), con el maquillaje y el cabello perfectamente arreglados (tal como en las películas), sosteniendo a mi recién nacida envuelta en una hermosa manta rosa de muselina; y, desde luego, con un cuerpo que había regresado de inmediato a su forma anterior al embarazo.

El día que entré en labor de parto, me arreglé el cabello y el maquillaje (como lo había planeado), me puse un listón rosa en el cabello (parte del plan), me vestí lo mejor que pude (considerando mi abultado vientre), y mi esposo y yo salimos hacia el hospital. La realidad aún no me había afectado, ya que por primera vez sería mamá y no tenía la menor idea de lo que me esperaba; ni siquiera había comprendido el concepto de por qué se le llama *labor* al hecho de dar a luz. Me había tardado tanto en maquillarme que llegué al hospital demasiado tarde para recibir algo que aminorara el dolor. En algún momento, durante las oleadas de contracciones, recuerdo haberle rogado al doctor: "¡Máteme, POR FAVOOOR!".

Y entonces...
di a luz a la respuesta divina a mi oración,
¡a la rosada y hermosa
Amy Jaye Zschech, de 3.8 kg!

La fotografía donde la sostengo poco después de su nacimiento ¡no se parece en nada a mi retrato de la maternidad tan cuidadosamente planeado! Ahí estaba yo, sentada con la bata del hospital arrugada, con el maquillaje de los ojos corrido hasta los pómulos y con la beba escondida entre la manta de hospital más grande que he visto. ¿Y el listón rosa? ¡Terminó en mi cuello!

Sin embargo, esa misma tarde enfermé gravemente del "síndrome de amor al bebé". Me encontraba completa y absolutamente embelesada por este sueño hecho realidad: la beba que se encontraba acostada en una pequeña cuna junto a mí. De mi boca salieron estas palabras a mi exhausto esposo: "La única manera en que puedo describir esto, es como si Dios mismo hubiera venido a besarme en la frente. Ella es nuestro 'beso del cielo' ". (Siempre le digo a mi hija: "Dios me besó en la frente el día en que naciste". Ella entorna los ojos y dice: "Sí, sí, mamá ¡me has dicho lo mismo un millón de veces!").

Me encontraba completa y absolutamente embelesada por este sueño hecho realidad: la beba que se encontraba acostada en una pequeña cuna junto a mí.

En Santiago 2:20 leemos: "La fe sin obras es muerta". Los sueños se cumplen con el favor de Dios, pero no puede uno quedarse de brazos cruzados, sin hacer nada, y esperar a que llegue lo mejor. Por el contrario, cuando la diligencia, la obediencia y la confianza en Dios, se combinan con el poder sobrenatural de nuestro Padre Todopoderoso, lo que se obtiene es *el beso*.

En el año 2000, escribí un canto titulado "Kiss of Heaven" (El beso del cielo) para un álbum llamado *Mercy Project (Proyecto misericordia)*. Las palabras que conforman el título de ese canto vienen frecuentemente a mi mente cuando trato de describir de manera comprensible la sensación de que *el cielo toca la tierra*: cuando la vida de alguien cambia de una manera total y milagrosa a través de la relación con su Creador. Esa es la forma más apropiada en que puedo explicar la manera en que Él ha transformado mi vida, al darme belleza en lugar de ceniza, un manto de alegría en vez de un espíritu angustiado y óleo de gozo en lugar de luto. ¡Qué hermoso es nuestro Dios!

Todos tenemos sueños, aspiraciones y metas que deseamos alcanzar; algunos son grandes; otros, nobles; también hay unos bastante pequeños. Pero, si aspiramos a alcanzarlos, sé que lo primero y más importante es estar consciente de la continua presencia de Dios (que además es uno de los placeres más grandes de la vida), y después, darle a Él todo nuestro corazón; ya que su mayor deleite es cumplir nuestros sueños. "Porque los ojos de Jehová contemplan toda la tierra, para mostrar su poder a favor de los que tienen corazón perfecto para con él" (2 Crónicas 16:9).

Es absolutamente sobrecogedor darse cuenta de que Dios, el Creador del cielo y de la tierra, busca ansiosamente a personas que crean en Él y que estén comprometidas a amarlo por completo. Su gracia está disponible para *todos* los que reciben la salvación; su favor se derrama sobre aquellos cuyos corazones son completamente Suyos. Él está buscando a creyentes totalmente dedicados a Él, a través de los cuales pueda brillar. En mi corazón siempre tuve el anhelo de que Él brillara a través de mí, pero me tardé en entender que sí podía ser posible.

su favor se derrama sobre aquellos cuyos corazones son completamente suyos.

Dios está buscando a alguien a quien besar con su favor, aun en este momento. Él observa, y espera ver nuestras manos levantadas para amarlo y servirlo. También espera que recibamos su ayuda para demostrar su poder y su amor, a través de nosotros, a un mundo que necesita amor. A medida que he viajado por los continentes del mundo para dirigir la alabanza y la adoración entre el pueblo de Dios, casi puedo sentir el deseo en el corazón mismo de Dios de encontrar individuos que le entreguen toda su confianza. "Pues el Señor está atento a lo que ocurre en todo el mundo, para dar fuerza a los que confían sinceramente en él" (2 Crónicas 16:9, versión *Dios Habla Hoy*).

Buscar la bendición de Dios en nuestras vidas no es una ambición egoísta si entendemos la razón por la cual se nos otorga. El favor no se nos otorga para que nos convirtamos en acaparadores de lo bueno; se da a quienes demuestran ser dignos de confianza, a quienes permanecen con las manos abiertas, listos para recibir y para dar. Tener su gracia y su favor en las obras de nuestras manos (gracia y favor que no merecemos), sirve de evidencia a un mundo perdido de que Dios existe y tiene el poder de hacer que sus promesas se vuelvan realidad en nosotros. Al mantener nuestra vista atenta en el Señor y obedecer su dirección en nuestras vidas cotidianas, los demás verán los beneficios de su favor en nosotros y se sentirán animados a caminar también en su radiante presencia. ¡Somos bendecidos para bendecir a los demás!

Muchos cristianos se pierden los gloriosos beneficios de la continua presencia de Dios. Disfrutan de breves momentos en los que están conscientes de su presencia, pero esos sucesos ocurrieron en el pasado y no han sido renovados. Sus rostros se iluminan cuando comparten el testimonio de cómo fueron rescatados, o de la provisión que los acercó por primera vez a Él, pero su fortaleza se desmorona cuando hablan de las pruebas por las que están pasando en el presente.

Mi deseo más profundo es adorar y amar a mi Dios con todo mi corazón, con toda mi alma y con todas mis fuerzas. "Y amarás a Jehová tu Dios de todo tu corazón, y de toda tu alma, y con todas tus fuerzas" (Deuteronomio 6:5). Así como inspirar a los demás a tener un estilo de vida *diario* de *adoración sin reservas* para nuestro Dios viviente. [*Nota de la editora: Adoración sin reservas* es el título en español del primer libro de Darlene Zschech. 'Sin reservas' es la expresión en español por la cual se sustituyó el término 'extravagante' ('*extravagant*' en inglés) utilizado por la autora.] El Padre anhela rescatarnos a cada momento, todos los días. Dios desea que el testimonio que recibamos de su misericordia sea nuevo cada mañana. Tiene nuevos pensamientos para nosotros y secretos que revelarnos. Su creatividad sin par es infinita, y en gran medida desconocida para nosotros. Y desea demostrar su magnificencia al mundo a través de las vidas inspiradoras y llenas de Dios que vive su pueblo. El Salmo 33:3 dice: "Cantadle cántico nuevo; hacedlo bien, tañendo con júbilo". En efecto, la Palabra nos ordena cantar una nueva canción, gritar y tañer, para dar a conocer la bondad de nuestro Rey.

Jesús nos enseñó que debemos pedir a Dios nuestro pan de cada día, y es una hermosa imagen de la provisión continua de Dios para nuestras vidas. Él les enseñó a sus discípulos:

> *Por tanto os digo: No os afanéis por vuestra vida, qué habéis de comer o qué habéis de beber; ni por vuestro cuerpo, qué habéis de vestir. ¿No es la vida más que el alimento, y el cuerpo más que el vestido?*
> *Porque los gentiles buscan todas estas cosas; pero vuestro Padre celestial sabe que tenéis necesidad de todas estas cosas. Mas buscad primeramente el reino de Dios y su justicia, y todas estas cosas os serán añadidas.*
> MATEO 6:25, 32-33

Me encanta este texto. De nuevo, el Señor nos muestra a qué debemos darle valor mientras vivamos. Una vez más nos muestra la maravillosa realidad de servir a Jesús: tener una vida emocionante, llena de pasión y fervor, en la cual de continuo nos damos cuenta de su participación; para llevarnos a una vida de realización. Usted seguramente busca la justicia de Dios, la paz y el gozo en el Espíritu Santo, y tal como lo prometió, Dios es fiel para superar lo que usted busca e ir más allá de sus necesidades, para que alcance un sentido de propósito en la tierra; con gracia perenne y favor mientras viva.

El contraste es muy grande entre quienes buscan a Dios y quienes solo buscan sus beneficios. Muchos creyentes se frustran continuamente; la razón es que, en vez de buscarlo, dedican su energía a buscar un título, el reconocimiento y la apariencia, o la parafernalia del éxito. Hace poco escuché que describían este tipo de comportamiento como, vivir bajo "gracia barata", es decir, gracia carente del entendimiento del precio que se pagó por nosotros. Es tibia, oye sin escuchar y respira sin estar viva.

El contraste es muy grande entre quienes buscan a Dios y quienes solo buscan sus beneficios.

Un camino que conozco muy bien es el que va de lo tibio a lo comprometido. Yo tenía tantas inseguridades, pensamientos erróneos y ambiciones vanas (¡los cuales había abrigado cuidadosamente con el paso de los años!) que debían acallarse en mi interior antes de poder siquiera comenzar a creer que Dios tenía un plan perfecto para desarrollar en mi vida. Ahora sé que a todo lo anterior se le llama orgullo ¡pero en ese momento no quería saberlo! Aun a corta edad, sentía que el plan de Dios era mucho mayor al mío, y oré sinceramente para que de alguna manera Dios me usara; pero cuando comencé a servir en la casa de Dios, no entendí que Él podría usar mi experiencia única y mis dones para servir a su llamado en mi vida; no comprendí que me había hecho con amor, tal como a usted, para un propósito divino.

De muchas maneras intenté usar mi don, iba a cualquier lugar donde tuviera la oportunidad de cantar. Ya era salva, conocía al Señor, pero aún trataba de ubicarme. Ese sentimiento de realización parecía eludirme continuamente. Cantaba en canciones publicitarias y cruzaba casi cualquier puerta que se abriera, por miedo a perder una oportunidad. No entendía lo que significaba conocer el propósito de mi vida y seguirlo con todo mi ser.

Me era fácil confiarle a Dios mi vida espiritual y lo amaba inmensamente, pero no estaba segura de querer usar todo mi tiempo y energía para servir en la iglesia local por miedo a lo que implicaría. Mis profundos sentimientos de inseguridad, ineptitud, intimidación, y todas las demás palabras que comienzan con "in", ¡casi me vencen!

No me fue fácil confiar en que Dios usaría las habilidades

naturales que me había dado. En el nivel espiritual, amaba a Dios y me encantaba adorarlo, pero cuando se trataba de dar en verdad todo mi tiempo y energía para servirle, pues..., era algo totalmente distinto. Mi ser interior y mi ser exterior no concordaban (¡lo visible y lo invisible no se reconocían en lo absoluto!).

Mi pasión y mi corazón estaban en la música, pero intenté mantener ese interés por la música separado del servicio a Dios. ¿No somos graciosos? Nunca imaginé que Dios me pediría servirle a través de lo que más me gustaba hacer. Yo pensaba que de alguna manera mi pasión por la música era algo carnal, ¡y que sería mucho más espiritual hacer para Dios algo que odiara!

Apenas ahora entiendo que Dios es fiel para completar la buena obra que comienza en nosotros. Él no nos pide que nos amoldemos al mundo o a los demás. Estamos para servirnos el uno al otro con nuestros dones propios y únicos. No se nos pide que escondamos quiénes somos realmente para que Dios nos acepte. Él no cometió *ningún* error cuando nos creó.

Cantares 6:8-9 nos revela el deleite que a Dios le da nuestra individualidad: "Sesenta son las reinas, y ochenta las concubinas, y las doncellas sin número; mas una es la paloma mía, la perfecta mía; es la única de su madre, la escogida de la que la dio a luz". Entender y conocer en verdad el hecho de que Dios nos creó a cada uno de nosotros para ser únicos, diferentes y para tener un propósito, permite que mi corazón confíe en las palabras del Padre cuando dice: "Estad quietos, y conoced que yo soy Dios" (Salmo 46:10), y que vea su gracia y su favor revelado en mi vida mientras hace que mi sueño emerja.

BENDITO EL VARÓN QUE CONFÍA EN
JEHOVÁ, Y CUYA CONFIANZA ES JEHOVÁ.

Jeremías 17:7

SU FAVOR DURA TODA LA VIDA.

Salmo 30:5

Jesús, el fabricante de sueños

$\mathcal{D}$os

JESÚS, EL FABRICANTE DE SUEÑOS

M e sorprende el hecho de saber cuántas personas nunca han escuchado que Dios tiene predestinado un plan magnífico para sus vidas. A muchos a quienes se les ha dicho, no creen que algo así pueda ser verdaderamente posible para ellos. Sin embargo, la mayoría tiene una sensación interna de propósito, la cual los impulsa a desarrollar ciertas habilidades y talentos o a aprovechar ciertas oportunidades que les brindan un efecto de plenitud.

La verdad es que Dios tiene un plan para cada uno de nosotros, y Él ya nos ha dotado de todos los dones que necesitamos para que ese plan se manifieste. Él planta la semilla de un determinado sueño en nuestros corazones antes de que siquiera hayamos crecido lo suficiente como para sentir su desarrollo. El Salmo 139:13-18 nos lo explica:

> *Porque tú formaste mis entrañas;*
> *Tú me hiciste en el vientre de mi madre.*
> *Te alabaré; porque formidables, maravillosas son tus obras;*
> *Estoy maravillado,*
> *Y mi alma lo sabe muy bien.*

No fue encubierto de ti mi cuerpo,
Bien que en oculto fui formado,
Y entretejido en lo más profundo de la tierra.
Mi embrión vieron tus ojos,
Y en tu libro estaban escritas todas aquellas cosas
Que fueron luego formadas,
Sin faltar una de ellas.
¡Cuán preciosos me son, oh Dios, tus pensamientos!
¡Cuán grande es la suma de ellos!
Si los enumero, se multiplican más que la arena;
Despierto, y aún estoy contigo.

Mark y yo aún estamos completamente anonadados por e
camino que estamos recorriendo, así como por lo que les está suce
diendo a nuestros amigos, a nuestra familia, a nuestra iglesia, ¡y po
los nuevos sueños que Dios está colocando dentro de nosotros! A
volver la vista hacia el principio de nuestra travesía, podemos ve
claramente que Él estaba trabajando para demostrar su poder d
una manera gloriosa, lo cual nos ha dado una fe inconmovible
hacia el sueño que sigue creciendo en nuestros corazones.

El Señor promete usar todo cuanto ocurra para sus propósitos

Encomienda a Jehová tus obras,
Y tus pensamientos serán afirmados.
Todas las cosas ha hecho Jehová para sí mismo,
Y aun al impío para el día malo.
Abominación es a Jehová todo altivo de corazón;
Ciertamente no quedará impune.
Con misericordia y verdad se corrige el pecado,
Y con el temor de Jehová los hombres se apartan del mal.
Cuando los caminos del hombre son agradables a Jehová,
Aun a sus enemigos hace estar en paz con él.
PROVERBIOS 16:3-7

Todos sabemos que si dedicamos a Él nuestra vida, nuestros planes, nuestros pensamientos e incluso nuestras intenciones, su favor actuará en nuestra ayuda.

En una ocasión, recuerdo que nos dirigíamos en auto hacia la playa y escuchábamos un programa en la radio al que las personas llamaban para recibir consejos. ¡Debo mencionar que Amy y Chloe no soportan que su padre escuche esa clase de programas! Una chica llamó al anfitrión del programa y en esencia se quejó de lo que le sucedió ese día y de su vida en general. ¡Qué desesperada es la vida para tantas personas!

El conductor del programa le preguntó por qué decía eso, y la chica respondió: "Mi vida es una prueba de la vigencia de la teoría del caos". Fue la triste afirmación de la realidad de la vida de una joven que estaba totalmente desalentada, que obviamente se sentía atrapada en el "carrusel" de la vida, preguntándose ¡cómo bajar de él!

La teoría del caos plantea que la vida se encuentra en "piloto automático" y que los acontecimientos tan solo ocurren, sin ningún propósito.

La Palabra dice: "Y sabemos que a los que aman a Dios, todas las cosas les ayudan a bien, esto es, a los que conforme a su propósito son llamados" (Romanos 8:28). Sin embargo, en todo el mundo, muchas personas no están conscientes de la habilidad que Dios tiene para obrar todo para bien; ya que no han respondido a su llamado ni al propósito que Él tiene para sus vidas. El mundo les ha enseñado que sus vidas evolucionaron a partir del caos. Para quien cree esa mentira, la vida le parecerá muy frustrante, vacía e indefensa.

Muchos argumentan que la tierra tan solo "apareció"; sin Dios. Creen que a través de colisiones de materia y de muchos accidentes al azar, nuestro increíble sistema solar (compuesto por planetas que funcionan con una armonía astronómica perfecta, meticulosa y brillante; que muestra una belleza divina) ¡solamente apareció, por sí mismo! La teoría del caos plantea que la vida se encuentra en "piloto automático" y que los acontecimientos tan solo ocurren, sin ningún propósito. Si las cosas son malas, que así sean; y si son buenas, no hay que acostumbrarse a ellas.

En el primer libro de la Biblia, el Génesis, la Palabra de Dios dice que la tierra estaba desordenada y vacía, en una profunda oscuridad, pero con su gran poder y creatividad, Dios ordenó el caos y dio forma a los cielos y a la tierra; dividió los mares, llenó los océanos con criaturas marinas, los cielos con aves, trajo forma y proporción; y todo de la nada. Lo que propone la teoría del caos me parece más difícil de creer al compararlo con la evidencia innegable de la creación con propósito realizada por Dios. Y en toda la Biblia ocurren muchos sucesos aparentemente azarosos que resultaron ser una parte específica del plan perfecto de Dios, para alcanzar un propósito mucho mayor que tan solo impactar la vida del individuo a quien le ocurrieron.

Por ejemplo, la madre del bebé Moisés lo colocó en una canasta que flotó "azarosamente" hacia donde la hija del faraón lo encontró y lo recogió. Faraón, el mismo rey quien había planeado matar a todos los varones hebreos, cuidó, sostuvo y amó a Moisés, permitiendo que su hija lo criara como si fuera su propio hijo hasta que tuvo la edad suficiente para conducir al pueblo de Israel fuera del yugo de la esclavitud del rey.

En una discusión acerca de la necesidad de pagar impuestos, Jesús le dijo a Pedro que abriera la boca del primer pez que atrapara para después dar al recolector de impuestos la moneda que encontrara en su interior (Mateo 17:27 dice: "Sin embargo, para no ofenderles, ve al mar, y echa el anzuelo, y el primer pez que saques, tómalo, y al abrirle la boca, hallarás un estatero; tómalo, y dáselo por mí y por ti").

¿Acaso fue este, otro suceso aleatorio, o ambos son evidencia de que nuestro Padre Omnipotente (que tiene poder ilimitado, que todo lo puede, que es todopoderoso, invencible, supremo e inexpugnable) tenía un plan sorprendente para su pueblo?

Si es necesario, Dios puede suspender las leyes naturales con un milagro para obrar sus planes en favor nuestro.

Muchos relatos de la Palabra de Dios muestran que Él puede usar cualquier cosa para lograr sus propósitos. Puede usar nuestras fallas y nuestros éxitos para glorificar su nombre en la tierra. Si usted ha cometido errores, ¡bienvenido, es parte de la humanidad! Por eso necesitamos un Salvador, por eso necesitamos a Jesús con su regalo de salvación. El poder de la cruz es la autoridad que Él tiene para perdonar y restaurar vidas.

Si es necesario, Dios puede suspender las leyes naturales con un milagro para obrar sus planes en favor nuestro. Él puede otorgarnos favor, tal como lo hizo con Moisés, para que hasta nuestros enemigos hagan florecer el plan perfecto de Dios para nosotros. Él nos prospera para nuestro propio beneficio y por un propósito mayor, que es brillar a través de nuestras vidas como una luz de esperanza en un mundo que necesita poner su confianza en Él.

La mayoría de las personas, sean creyentes o no, pueden admitir que tienen una sensación de propósito o destino que los impulsa en la vida. La Palabra dice: "Para que seáis hijos de vuestro Padre que está en los cielos, que hace salir su sol sobre malos y buenos, y que hace llover sobre justos e injustos" (Mateo 5:45).

Aun antes de que creamos y confiemos en Jesús, Dios obra constantemente en nosotros para cumplir su plan perfecto, de acercar a toda la humanidad a Él.

Y Dios nos valora porque fuimos adoptados en su familia, no porque ofrezcamos nuestros talentos para servirle. Sin embargo, incluso si aceptamos el hecho de que la salvación es un regalo, a veces nos cuesta trabajo abandonar la mentalidad de que debemos realizar acciones para mantener su favor. Su deseo de bendecirnos no viene a través de lo que *hacemos por Él,* sino de *la devoción que tenemos hacia Él.* Me mantuve atrapada durante años en esa incapacitante manera de pensar, y me costó trabajo aceptar que Dios me amaba por quien era yo, no por lo que hacía. Necesitaba aceptar que nunca podría ganarme mi salvación, y que yo ya era valiosa en el corazón de mi Dios mucho antes de que me confiara los dones que tengo.

> *Porque tú formaste mis entrañas;*
> *Tú me hiciste en el vientre de mi madre.*
> *Te alabaré; porque formidables, maravillosas son tus obras;*
> *Estoy maravillado,*
> *Y mi alma lo sabe muy bien.*
> *No fue encubierto de ti mi cuerpo,*
> *Bien que en oculto fui formado,*
> *Y entretejido en lo más profundo de la tierra.*
> *Mi embrión vieron tus ojos,*
> *Y en tu libro estaban escritas todas aquellas cosas*
> *Que fueron luego formadas,*
> *Sin faltar una de ellas.*
> SALMO 139:13-16

La Palabra de Dios es clara al decir que es inmerecido recibir su gracia. Él extendió su mano para ofrecer el regalo de la salvación; no se necesita dar nada a cambio. Simplemente debemos estar agradecidos de recibirla.

Entender la justicia de Cristo...

y cómo nos hace JUSTOS...

Es muy impresionante

No desecho la gracia de Dios; pues si por la ley fuese la justicia, entonces por demás murió Cristo.
GÁLATAS 2:21

De Cristo os desligasteis, los que por la ley os justificáis; de la gracia habéis caído.
GÁLATAS 5:4

Me encanta la manera en que la Biblia explica que Dios obra a través de nosotros, en vez de que nosotros obremos para Dios. Dice: "Y el mismo Jesucristo Señor nuestro, y Dios nuestro Padre, el cual nos amó y nos dio consolación eterna y buena esperanza por gracia, conforte vuestros corazones, y os confirme en toda buena palabra y obra" (2 Tesalonicenses 2:16-17). ¡Qué Salvador tan maravilloso! Jesús mismo trabajará a favor nuestro para hacer realidad los sueños que nos ha dado. ¡El Señor confirmará nuestra obra y nuestra palabra!

La parábola que aparece en Mateo 25:14-30 ilustra la manera en que el Señor nos da algo que debemos usar para Él con el propósito de expandir su Reino.

Porque el reino de los cielos es como un hombre que yéndose lejos, llamó a sus siervos y les entregó sus bienes.

A uno dio cinco talentos, y a otro dos, y a otro uno, a cada uno conforme a su capacidad; y luego se fue lejos.

Y el que había recibido cinco talentos fue y negoció con ellos, y ganó otros cinco talentos. Asimismo el que había recibido dos, ganó también otros dos. Pero el que había recibido uno fue y cavó en la tierra, y escondió el dinero de su señor.

Después de mucho tiempo vino el señor de aquellos siervos, y arregló cuentas con ellos.

Y llegando el que había recibido cinco talentos, trajo otros cinco talentos, diciendo: Señor, cinco talentos me entregaste; aquí tienes, he ganado otros cinco talentos sobre ellos. Y su señor le dijo: Bien, buen siervo y fiel; sobre poco has sido fiel, sobre mucho te pondré; entra en el gozo de tu señor.

Llegando también el que había recibido dos talentos, dijo: Señor, dos talentos me entregaste; aquí tienes, he ganado otros dos talentos sobre ellos. Su señor le dijo: Bien, buen siervo y fiel; sobre poco has sido fiel, sobre mucho te pondré; entra en el gozo de tu señor.

Pero llegando también el que había recibido un talento, dijo: Señor, te conocía que eres hombre duro, que siegas donde no sembraste y recoges donde no esparciste; por lo cual tuve miedo, y fui y escondí tu talento en la tierra; aquí tienes lo que es tuyo.

Respondiendo su señor, le dijo: Siervo malo y negligente, sabías que siego donde no sembré, y que recojo donde no esparcí. Por tanto, debías haber dado mi dinero a los banqueros, y al venir yo, hubiera recibido lo que es mío con los intereses.

Quitadle, pues, el talento, y dadlo al que tiene diez talentos. Porque al que tiene, le será dado, y tendrá más; y al que no tiene, aun lo que tiene le será quitado.

Y al siervo inútil echadle en las tinieblas de afuera; allí será el lloro y el crujir de dientes.

En esta historia, el amo confió talentos (de valor monetario) a cada uno de sus siervos (vea el versículo 15). De la misma manera,

Dios nos da talentos (nuestros dones y habilidades naturales) que podemos invertir para expandir su Reino. Note usted que los dos siervos que conocían la bondad del corazón de su amo no tenían miedo de tomar el riesgo de invertir sus talentos en algo que les traería ganancias. Como resultado, ambos duplicaron su inversión y pudieron llevar a su amo el doble de la cantidad que les había otorgado. Pero a quien enterró su talento porque temió lo que le haría su amo si lo perdía, se le llamó malo y negligente; se le quitó el talento que había recibido y se le dio al siervo que podía usarlo para "beneficio" del amo.

Todos tenemos una responsabilidad por la forma en que utilizamos los dones que Dios nos ha confiado.

Todos tenemos una responsabilidad por la forma en que utilizamos los dones que Dios nos ha confiado. ¿Qué talentos ha recibido usted, están enterrados o los está usando? Quizá para usted, amigo mío, un don es algo que usted desearía tener, pero en realidad, ¡es cualquier cosa que esté dispuesto a dar!

En Éxodo 36 leemos sobre las personas que trabajaban para edificar el tabernáculo de Dios. Cada uno era una persona capaz, a quien Dios le había dado cierta habilidad, y estaba *dispuesto* a ir y *dar* para la obra. Estaban impulsados por el sueño de construir un templo magnífico que fuera digno de albergar su gloria.

Dios lo está llamando a usted para usar sus dones y desarrollar sus talentos para de alguna manera servir a la tierra. Sus planes y su propósito para usted sobrepasan cualquier cosa que pueda imaginar. Él ha puesto en claro sus intenciones para con nosotros al decir:

Porque yo sé los pensamientos que tengo acerca de vosotros, dice Jehová, pensamientos de paz, y no de mal, para daros el fin que esperáis. Entonces me invocaréis, y vendréis y oraréis a mí, y yo os oiré; y me buscaréis y me hallaréis, porque me buscaréis de todo vuestro corazón.
JEREMÍAS 29:11-13

Mi deseo es que, al continuar leyendo, se sienta usted animado a examinar el llamado que hay en su corazón; a considerar los dones que se le han otorgado; y a cambiar, de miedo a fe en la habilidad que Dios tiene para conservarlo y prepararlo para el sueño que Él ha plantado en su interior.

Por lo cual asimismo oramos siempre por vosotros, para que nuestro Dios os tenga por dignos de su llamamiento, y cumpla todo propósito de bondad y toda obra de fe con su poder, para que el nombre de nuestro Señor Jesucristo sea glorificado en vosotros, y vosotros en él, por la gracia de nuestro Dios y del Señor Jesucristo.
2 TESALONICENSES 1:11-12

Las obras que usted realiza se vuelven un acto de alabanza a Dios, cuando la actitud de su corazón es demostrar a los demás la gloria de su bondad en su vida. Que todos escuchemos a Jesús decirnos: "Bien, buen siervo y fiel; sobre poco has sido fiel, sobre mucho te pondré; entra en el gozo de tu señor" (Mateo 25:21).

PORQUE DE LA MUCHA OCUPACIÓN

VIENE EL SUEÑO...

Eclesiastés 30:5

¿*Cuál es el deseo de*

su corazón?

Tres

¿CUÁL ES EL DESEO DE SU CORAZÓN?

Dios ha inspirado un sueño dentro de cada individuo, esté o no dedicado a Él. Dios nos llama a cada uno de nosotros a participar en el gran plan que tiene para el mundo. Romanos 1:19-20 dice: "[...] porque lo que de Dios se conoce les es manifiesto, pues Dios se lo manifestó. Porque las cosas invisibles de él, su eterno poder y deidad, se hacen claramente visibles desde la creación del mundo, siendo entendidas por medio de las cosas hechas, de modo que no tienen excusa".

Ya que Dios obra para que todo sirva a su propósito, en lo profundo de nosotros coloca un increíble deseo de conocerlo a Él. Y una vez que conocemos lo que es estar llenos de Él, nuestros anhelos y pasiones cambian; y lo que emprendemos empieza a ser dirigido por un conjunto diferente de valores. El *deseo* es una emoción poderosa que necesita ser dirigida por un corazón sano, para traer resultados sanos.

Con mucha frecuencia nos encontramos intentando gratificar nuestras pasiones, y todos sabemos demasiado bien que la vida sin Cristo carece de sentido; es como escalar una montaña y nunca llegar a la cima. Y, al no estar satisfechos, nuestros corazones vacíos están listos para aceptar y asirse a cualquier enseñanza o perspectiva que pueda estar hábilmente disfrazada de verdad. Sin embargo, los verdaderos creyentes son de una naturaleza distinta: beben de la fuente de la vida y sus rostros miran hacia arriba, hacia el Hijo; viven en el favor, aun en tiempos difíciles. De ahí que se pide con vehemencia: "Haz resplandecer tu rostro sobre tu siervo" (Salmo 31:16).

Cuando nos deleitamos en Dios, Él promete concedernos los deseos y las peticiones secretas de nuestros corazones. El pensamiento de vivir para deleitar el corazón de Dios ha crecido en mí en la medida en que yo he crecido en Él. El Salmo 37:3-4 nos asegura que Dios cumplirá esos deseos cuando le entreguemos a Él nuestro camino: "Confía en Jehová, y haz el bien; y habitarás en la tierra, y te apacentarás de la verdad. Deléitate asimismo en Jehová, y él te concederá las peticiones de tu corazón".

Dios ha dado y confiado dones a todos; a cada una de las per-

Ya que Dios obra para que todo sirva a su propósito, en lo profundo de nosotros coloca un increíble deseo de conocerlo a Él.

sonas que habitamos en la tierra. Pero hay muchos factores que pueden evitar que siquiera nos demos cuenta del potencial o de la esperanza que depositó en nuestro interior. Sin embargo, ese sueño inspirado por Dios que se encuentra en usted tiene el poder de llevarlo a superar la mentalidad de que jamás podrá cumplir sus sueños. ¡Imagine... si conociéramos tan solo un poco de nuestra verdadera capacidad!

El apóstol Pablo explicó este propósito y este llamado, en la carta a la iglesia de Éfeso, al decir:

> *Dándonos a conocer el misterio de su voluntad, según su beneplácito, el cual se había propuesto en sí mismo, de reunir todas las cosas en Cristo, en la dispensación del cumplimiento de los tiempos, así las que están en los cielos, como las que están en la tierra.*
>
> *En él asimismo tuvimos herencia, habiendo sido predestinados conforme al propósito del que hace todas las cosas según el designio de su voluntad, a fin de que seamos para alabanza de su gloria, nosotros los que primeramente esperábamos en Cristo. En él también vosotros, habiendo oído la palabra de verdad, el evangelio de vuestra salvación, y habiendo creído en él, fuisteis sellados con el Espíritu Santo de la promesa, que es las arras de nuestra herencia hasta la redención de la posesión adquirida, para alabanza de su gloria.*
>
> EFESIOS 1:9-14

Las complejidades y complicaciones de los seres humanos son maravillosamente ricas en propósito, función, creatividad, vida, reproducción y equilibrio, planeadas de manera perfecta de acuerdo con el diseño de Dios. Sin embargo, hemos luchado desde el Edén, al ser cegados por el mayor engañador, que ha intentado cuestionar, manipular, confundir y socavar el valor mismo y la razón por las cuales Dios está orgulloso de nosotros. Al ser hechos a la imagen de Dios, su naturaleza creativa se refleja continuamente a través de la vida de sus hijos.

En una ocasión vi a Sting en un concierto. ¡Fue absolutamente increíble! ¡Demasiado "don" para un solo ser humano! Los pensamientos me rondaban en la cabeza: *Qué increíble, Sting, eres como el rey David, lleno de salmos, melodías y música, y cantas como si ni siquiera supieras que su mano está sobre ti. Estás tan cerca del corazón de Dios. Eres un maestro en la poesía, estás lleno de amor; y tus capacidades no vienen a ti por tus propias habilidades naturales, sino que has aprovechado la fuente que es tu Creador.* Pude ver en acción la semilla del sueño de Dios dentro de él, pude *ver* el llamado de Dios en su vida.

El cumplimiento de un sueño dado por Dios siempre requiere de una gran valentía, pues siempre es mucho mayor que nosotros. Bill Gates cambió la manera en que se comunica el mundo; sin embargo, su mayor sueño es erradicar la polio. Su sueño tiene un propósito mayor que él mismo. ¿De dónde proviene ese sueño sino de Dios?

Martin Luther King tenía un sueño dado por Dios que irradiaba armonía y libertad para nuestro mundo. Su sueño recibió el poder y el impulso de su ardiente pasión de ver libres a las personas oprimidas. A mí me parece un sueño proveniente de Dios.

La madre Teresa nació para desempeñar un destino en el plan perfecto y eterno de Dios. Nació para cumplir su propósito. Esa pequeña mujer, con una atención aguda y un corazón lleno de amor y compasión por las personas, ha dejado un legado y un reto a todos los que se atreven a confiar sus vidas a Jesús. No es un sueño popular, pero..., es un sueño *tan* de Dios.

Oprah Winfrey es una mujer que ha sido tocada por la gracia. Ya sea que a usted le agrade o le desagrade su enfoque, ella dedica mucho tiempo, recursos y energía para ver una mejora en la vida de las personas. ¿Cree que puede ser la semilla de un sueño de Dios?

Nancy Alcorn, una pequeña máquina humana y querida amiga mía, vio que muchas veces se cometían injusticias, y fundó Mercy Ministries (Ministerios de Misericordia), una organización dedicada a restaurar las vidas de mujeres jóvenes. Es un sueño grande en una mujer con gran valentía, que tiene un Dios asombroso.

Otro ejemplo es Nelson Mandela, un hombre valiente con una convicción tan poderosa que negó su propia libertad para asegurar la libertad de incontables personas.

Usted podría añadir otras historias de personas a quienes conoce que viven para levantar la vida de los demás. Podríamos llenar cada página con buenos ejemplos de muchas otras personas, tanto conocidas como desconocidas, que han vivido con gran valentía para ver realizados los sueños de sus corazones.

Nosotros fuimos creados a la imagen de Dios y nuestras vidas fueron hechas con el propósito de ser una muestra visible de su increíble gloria y bondad. Por eso, cuando nos alejamos de Dios y caminamos por nuestra cuenta, nos desviamos de nuestro propósito y de la única esperanza de realización verdadera. Hay muchas personas brillantes, algunas todavía viven, otras ya no, que recibieron dones del cielo, pero nunca entendieron lo que tenían ni por qué motivo. Hay demasiadas historias de personas que poseían brillantez en sus manos, pero eligieron descalificarse ya que no podían vivir bajo el peso de tanta grandeza. Podemos encontrar éxito lejos de Dios, pero no podemos encontrar la realización eterna sin Él.

En el apartado intitulado "¿Cuál es su sueño?" encontrará una serie de preguntas. Respóndalas y escriba sus respuestas. Es muy posible que le revelen mucho acerca de la vida con la que Dios lo ha favorecido.

La humanidad está hambrienta de la presencia de Dios en su vida diaria. Para que las personas vean su gloria y su bondad, debemos estar dispuestos a permitir que se descubra el potencial que hay en nosotros. Cuando las personas ven a Dios obrar a través de la realización de nuestras metas y sueños, solo deben confiar en Él para realizar sus propios sueños.

La humanidad está hambrienta de la presencia de Dios en su vida diaria.

Cuando conocemos la Palabra de Dios, entendemos que Él es capaz de hacer lo que está escrito en Efesios 3:20: "Y a Aquel que es poderoso para hacer todas las cosas mucho más abundantemente de lo que pedimos o entendemos, según el poder que actúa en nosotros". En este versículo, Él promete lo mismo a cada generación, ¡por siempre!

Sin embargo, cuando se trata de actuar para conseguir el sueño que Dios nos ha dado, con frecuencia carecemos del valor y de la confianza necesarios; y nos negamos a vernos de la misma manera en que Dios nos ve. Lo cual no solo nos limita, sino que nos paraliza, haciendo que nos conformemos con lo que ya tenemos. Vemos cómo los demás siguen sus sueños, pero nosotros somos incapaces de dar un paso de fe para ver los deseos de nuestro propio corazón hechos realidad.

Para ver cumplido un sueño dado por Dios, el primer paso es empezar, ¡*comenzar justo donde se encuentre!* Toda la grandeza principia en algún sitio, por lo general en algún "rincón apartado del desierto", en entornos que no son nada grandiosos, al confiar en que el favor de Dios hará realidad el anhelo. Si usted carece de la fe, la bondad, el conocimiento, el dominio propio, la perseverancia, la santidad, la hermandad y el amor necesarios para que su vida crezca hacia la madurez, ¡no es el único! Pida a Dios que le dé sabiduría, pues su poder nos da todo lo que necesitamos en la vida.

YO AÚN TENGO UN SUEÑO. ES UN SUEÑO PROFUNDAMENTE ARRAIGADO EN EL SUEÑO "AMERICANO". SUEÑO QUE UN DÍA ESTA NACIÓN SE LEVANTARÁ Y VIVIRÁ EL VERDADERO SIGNIFICADO DE SU CREDO: "AFIRMAMOS QUE ESTAS VERDADES SON EVIDENTES: QUE TODOS LOS HOMBRES SON CREADOS IGUALES".

SUEÑO QUE UN DÍA, EN LAS ROJAS COLINAS DE GEORGIA, LOS HIJOS DE LOS ANTIGUOS ESCLAVOS Y LOS HIJOS DE LOS ANTIGUOS DUEÑOS DE ESCLAVOS, SE PUEDAN SENTAR JUNTOS A LA MESA DE LA HERMANDAD.

SUEÑO QUE UN DÍA, INCLUSO EL ESTADO DE MISSISSIPPI, UN ESTADO QUE SE SOFOCA CON EL CALOR DE LA INJUSTICIA Y DE LA OPRESIÓN, SE CONVERTIRÁ EN UN OASIS DE LIBERTAD Y JUSTICIA.

SUEÑO QUE MIS CUATRO HIJOS VIVIRÁN UN DÍA EN UN PAÍS EN EL CUAL NO SERÁN JUZGADOS POR EL COLOR DE SU PIEL, SINO POR LOS RASGOS DE SU PERSONALIDAD. ¡HOY TENGO UN SUEÑO!

Martin Luther King, Jr.

¿Cuál es su sueño?

¿QUÉ ES LO QUE SU CORAZÓN DESEA HACER?

¿CUÁLES SON LAS PETICIONES SECRETAS
DE SU CORAZÓN?

¿QUÉ ES LO QUE DESEARÍA PODER SER?

¿QUÉ PODRÍA SER O DE QUÉ PODRÍA SER PARTE
PARA BENDECIR EL MUNDO DE ALGUIEN MÁS?

¿EN QUÉ ES BUENO?

¿QUÉ HARÍA SI TUVIERA TIEMPO Y
RECURSOS ILIMITADOS?

¿QUÉ LE RESULTA FÁCIL?

¿QUÉ LO IMPULSA?

¿QUÉ IDEA TIENE USTED QUE SE RESISTE A
HABLARLA EN VOZ ALTA
POR SER DEMASIADO GRANDE Y ATREVIDA?

Escriba la visión

Al principio de nuestra vida de casados, Mark y yo decidimos escribir nuestras metas, a largo y a corto plazo, así como algunas de las aspiraciones de nuestra vida. En aquel entonces le pedimos a Dios que dirigiera nuestros esfuerzos, tal como la Palabra dice: "El corazón del hombre piensa su camino; mas Jehová endereza sus pasos" (Proverbios 16:9). Y cada Año Nuevo, mientras nos encontramos de vacaciones, dedicamos un tiempo para repasar nuestras metas y sueños, para ver lo lejos que hemos llegado y lo que necesitamos reconsiderar.

En Jeremías 10:23 dice: "Conozco, oh Jehová, que el hombre no es señor de su camino, ni del hombre que camina es el ordenar sus pasos". Escribir nuestros sueños nos ayuda a prestar mucha atención a lo que Dios nos inspira a hacer y cumple con la instrucción que se encuentra en Proverbios 4:20-23: "Hijo mío, *está atento* a mis palabras; inclina tu oído *a mis razones. No se aparten de tus ojos*. Guárdalas en medio de tu corazón; porque son vida a los que las hallan, y medicina a todo su cuerpo. Sobre toda cosa guardada, guarda tu corazón; porque de él mana la vida" (énfasis de la autora). Siempre he creído que cuando pongo en papel los deseos de mi corazón, literalmente los pongo en movimiento. ¡Genial!

Tal vez su sueño podría ser tan claro para usted como una visita de Dios, pero también podría venir como un pequeño y suave susurro en su espíritu, o como un deseo recurrente en su interior que solo usted puede sentir. Algunas personas desperdician años esperando escuchar un fuerte golpe en la puerta, oír fanfarrias, ver luces en el cielo, recibir una visita de ángeles o atender a la voz de un profeta que les diga: "Dios me ha dicho que te diga…". Mark y yo no tuvimos nada de eso; todo lo que tuvimos fue un anhelo en nuestros corazones y la Palabra de Dios, la cual nos anima continuamente a ser fieles, a servir y a bendecir siempre al Señor. ¡Suena tan sencillo!

La posición que hoy tengo como pastora de alabanza no comenzó con un sueño de ser líder. Lejos de ello. Sencillamente, comencé mi travesía amando a Dios, sirviendo en su casa, preparando café, corriendo a cumplir encargos, estando dispuesta a realizar lo que se necesitara hacer, dedicando tiempo para conocerlo y aprendiendo a recibir su presencia en mi vida.

Una vez que usted sienta el sueño en su corazón, escríbalo. Mantenga un registro de sus deseos, al escribir la visión de lo que desea que suceda en su vida. Sea muy valiente para escribir lo que le gustaría ver cumplido. Eso le ayudará a tener claridad y a reconocer la mano de Dios y su favor en su futuro, mientras usted comienza a caminar en Él con valor.

Habacuc 2:2-3 dice:

> *Y Jehová me respondió, y dijo: Escribe la visión, y declárala en tablas, para que corra el que leyere en ella. Aunque la visión tardará aún por un tiempo, mas se apresura hacia el fin, y no mentirá; aunque tardare, espéralo, porque sin duda vendrá, no tardará.*

No tema hablar de su visión con las personas a quienes ama y en quienes confía. Su sueño será probado cuando pase el tiempo, y si le preocupa que sea o no la voluntad de Dios, solo regrese a las preguntas básicas: ¿Eso bendecirá a los demás? ¿Ayudará a edificar el Reino de Dios? ¿Va de acuerdo con el deseo de Dios para mi vida? El plan que Dios tiene para su vida nunca va a contradecir su Palabra, *¡jamás permita que le digan lo contrario!*

No es suficiente con tener un sueño, se necesita un plan para llevarlo a cabo. Criar a mis hijas de la manera en que lo sueño requiere de mi parte un compromiso personal que demanda tiempo, energía, más energía y todo lo demás que conlleva el ser madre.

Lo que usted valore, será ahí donde usted colocará tiempo, energía, atención, dinero, amor y devoción. De hecho, usted se dará cuenta rápidamente de aquello que valora al ver en qué invierte su tiempo, su energía y su dinero ¡cuando no tiene necesidad de hacerlo! En la vida, el verdadero éxito es costoso. Podemos ser sumamente rápidos para inventar todas las razones por las cuales no podemos seguir el llamado de Dios en nuestras vidas, atribuyéndolo a muchos factores, cuando en realidad nuestra propia incapacidad de perseverar podría ser la culpable. También estamos prestos para evitar a los demás cuando sus vidas están comenzando a tener influencia en nosotros.

No es asunto de nadie más, sino mío, el actuar para conseguir mi sueño. No puedo culpar al diablo si mi sueño de crear una excelente vida familiar no se realiza porque duermo todo el día o porque estoy demasiado ocupada. No se crea un gran matrimonio cuando solo se sueña con él. Es tomar una *decisión*. Y trabajamos arduamente cuando algo es importante para nosotros.

A veces me es difícil hacer malabarismos con el tiempo que necesito para alcanzar los sueños que tengo en distintos aspectos de mi vida. En esta travesía, Mark y yo deseamos ardientemente ser siempre una bendición para nuestra iglesia. Porque creo que este es un deseo que proviene del cielo mismo, ¡no está en conflicto con mi deseo de ser una gran ama de casa y construir una familia fuerte!

Dios nos ha dado la gracia de concedernos todas las horas que necesitamos cada día para cumplir lo que se nos pide hacer; nos da tiempo para la familia, para el trabajo, para la amistad y para descansar. En Marcos 10:29-30 hay una promesa hermosa:

> *Respondió Jesús y dijo: De cierto os digo que no hay ninguno que haya dejado casa, o hermanos, o hermanas, o padre, o madre, o mujer, o hijos, o tierras, por causa de mí y del evangelio, que no reciba cien veces más ahora en este tiempo; casas, hermanos, hermanas, madres, hijos, y tierras, con persecuciones; y en el siglo venidero la vida eterna.*

Haga planes para alcanzar su sueño

En 1999, mientras viajábamos por los Estados Unidos, tropecé con una pequeña tienda de libros antiguos, llena de tesoros que antes habían sido amados por otras personas. Justo en el fondo, recargado de lado a la pared, había un letrero de madera pintado a mano con las palabras: "Fe, Familia y Amigos". Mi corazón dio un salto, porque esas son las tres partes de la vida que tienen más valor para mí. Así que por las siguientes tres semanas llevamos cargando con nosotros ese letrero por los Estados Unidos, hasta que finalmente llegamos a casa. Ahora, tenemos esas palabras que ahí fueron grabadas, en la repisa de nuestra chimenea, para recordarnos constantemente lo que debemos apreciar, y que es necesario dedicar un tiempo a edificar los cimientos de nuestras vidas en un sitio profundo y fuerte.

Tener dónde vivir, es hablar de una casa;

tener a quién amar, es hablar de una familia.

¿Por qué son importantes la familia y los amigos? Jesús vino, vivió y murió por usted y por mí. El cielo se duele por la humanidad y Dios existe para ella. Si las demás personas dejan de importarnos, dejamos de funcionar en aquello para lo que fuimos creados. Fuimos diseñados para vincularnos. ¡Los vínculos son vida! Al apegarnos a Dios encontramos vida verdadera, y al hacerlo con otras personas, la vida en Cristo se comparte, nos nutre, nos desafía y nos lleva a mejorar.

Cuando se le preguntó a un prisionero de guerra que había sido rescatado qué era lo que había aprendido al haber experimentado el infierno en la tierra, respondió: "Aprendí a amar más a Jesús, y a amar y a valorar más a mi familia". Dios creó la maravillosa institución llamada familia, donde se desarrolla el amor "en un estira y afloja", que es el componente de las relaciones humanas y que a menudo requiere de un arduo trabajo. Eugene Peterson dijo: "Sin un amor costoso no puede haber futuro ni éxito conjunto. Si los vínculos son vida, entonces la soledad es el mayor horror. Dios mismo reúne al solitario, a la viuda, al huérfano y al inadaptado, en familia". Tener dónde vivir, es hablar de una casa; tener a quién amar, es hablar de una familia.

Si este es un tema que representa dolor y decepción para usted, y usted desea estar vinculado a una familia, entonces podría encontrar ese vínculo en la *amistad*. El Cuerpo maravilloso besado por Dios, llamado la Iglesia, pronto convierte a los amigos en familia cuando actúa en lo sobrenatural.

Busque primero la justicia, la paz y el gozo

Que su atención se centre primeramente en conocer al Rey y en buscar su Reino. Jesús dijo que al hacerlo, todo lo demás (entre ello nuestros deseos) nos sería añadido. "Mas buscad primeramente el reino de Dios y su justicia, y todas estas cosas os serán añadidas" (Mateo 6:33). "Porque el reino de Dios no es comida ni bebida, sino justicia, paz y gozo en el Espíritu Santo. Porque el que en esto sirve a Cristo, agrada a Dios, y es aprobado por los hombres" (Romanos 14:17-18). En 1 Corintios 4:20-21 podemos leer: "Porque el reino de Dios no consiste en palabras, sino en poder. ¿Qué queréis? ¿Iré a vosotros con vara, o con amor y espíritu de mansedumbre?".

La Palabra es clara en que si buscamos vivir como Dios quiere, Él nos concederá las peticiones y deseos de nuestro corazón. Jesús desea darnos una vida abundante, un trozo de cielo en la tierra.

Las bienaventuranzas

Y esto fue lo que les enseñó:

Bienaventurados los que se dan cuenta de su necesidad de Dios, porque el Reino de los cielos es para ellos.

Bienaventurados los que lloran, porque ellos serán consolados.

Bienaventurados los que son mansos y sencillos, porque ellos recibirán toda la tierra.

Bienaventurados los que tienen hambre y sed de justicia, porque ellos serán saciados.

Bienaventurados los misericordiosos, porque a ellos se les mostrará misericordia.

Bienaventurados aquellos cuyo corazón es puro, porque ellos verán a Dios.

Bienaventurados los que trabajan por la paz, porque ellos serán llamados hijos de Dios.

Bienaventurados los que son perseguidos porque viven para Dios, porque de ellos es el Reino de los cielos.

Bienaventurados serán cuando por mi causa se burlen de ustedes y los persigan, y digan mentiras contra ustedes. ¡Estén felices por ello, estén muy contentos!, porque una gran recompensa los espera en el cielo. Y recuerden, también los antiguos profetas fueron perseguidos.

Mateo 5:2-12 (Paráfrasis de la autora)

NUNCA DEJES QUE NADA TE LLENE CON
TANTA TRISTEZA COMO PARA QUE OLVIDE
EL GOZO DE CRISTO RESUCITADO.

Madre Teresa

El ladrón de sueños
Favor en tiempos desfavorables

Cuatro

EL LADRÓN DE SUEÑOS

L e garantizo que en cuanto usted comience a levantarse y a tomar la iniciativa, y cuando brille en usted una pequeña chispa de confianza, logrará *enfrentar la oposición*. Ya sean antiguas maneras de pensar, falta de apoyo de quienes lo rodean o los ataques mismos del diablo, la presión que ejerce la oposición le permitirá aumentar su fuerza, y lo ayudará a formar su carácter, en vez de dejarse vencer.

Mark y yo hemos hablado mucho sobre un sueño específico sumamente querido que hemos mantenido en nuestros corazones. ¡Ese sueño se encendió cuando aún éramos novios! Teníamos el deseo de comenzar un ministerio en nuestra nación para ayudar a mujeres jóvenes quebrantadas, pero no estábamos seguros... bueno, en realidad me quedo corta... no teníamos *la menor idea* de cuál sería la apariencia de ese sueño una vez cumplido. Entonces, en 1999, un día de destino que nunca olvidaré, el sueño comenzó a revelarse ante nosotros cuando conocimos a Nancy Alcorn (la hermosa defensora que mencioné antes), fundadora de Mercy Ministries of America (Ministerios de Misericordia de los Estados Unidos). Ella había trabajado con jóvenes con problemas desde 1973 y abrió su primer hogar para madres solteras en 1983. Desde entonces, cientos de madres solteras y mujeres con problemas habían encontrado amor incondicional, esperanza, restauración y sanidad a través de este ministerio tan necesario. Mientras tanto, Dios había comenzado a inspirar el corazón de Nancy a orar por Australia.

Cuando conocimos a Nancy, supimos en nuestros corazones que Dios nos había reunido con el propósito específico de comenzar este ministerio tan necesario en Australia. Ver la misión de Nancy era como presenciar una imagen en tiempo real que antes tan solo habíamos imaginado. Dios es paciente, no se apresura por nuestro entusiasmo, ¡y no se le puede sobornar o persuadir! Él realiza la obra que comienza, en su tiempo. Y cuando su tiempo llega, actúa con rapidez y nos compensa por el tiempo que hemos tenido que esperar en Él.

Dios ya estaba trabajando en el cumplimiento del sueño cuando plantó la semilla del mismo en nuestros corazones hace muchos años.

En el momento en que comencé a escribir este libro, ya habíamos comprado la primera casa para Mercy Ministries, en Sidney. Queríamos un hogar en una parte bella de la ciudad, a donde las jóvenes pudieran acudir gratuitamente y pudieran sentir la sorprendente capacidad de Dios para hacer un futuro brillante para ellas a pesar de su oscuro pasado. Él nos brindó una propiedad cerca de la iglesia que parece hecha a la medida de nuestra misión. Tiene muchas habitaciones, salas de juego y hermosos jardines que la rodean, en varios acres de tierra en una de las zonas más deseables de Sidney. Aunque al principio la comunidad estaba en contra de que Mercy Ministries usara esa propiedad, la oración y el apoyo de excepcionales líderes clave de la comunidad nos ayudó a ganar la aprobación del alcalde y de los miembros del consejo.

No sabemos

Dios ya estaba trabajando en el cumplimiento del sueño cuando plantó la semilla del mismo en nuestros corazones hace muchos años, y estaba tejiéndolo a través de las vidas de muchos otros. Jenny Fairbairn, nativa de Sidney, fue la primera egresada internacional de Mercy Ministries of America. Por mucho tiempo había buscado recibir ayuda en nuestro país pero no la había encontrado, y en total desesperación ¡hizo el viaje hasta los Estados Unidos para que alguien la ayudara! Tenía problemas con drogas, con alcohol y una anorexia grave, por lo cual pesaba tan solo cuarenta y tres kilogramos. Ella lo comparte con sus propias palabras:

La vida siempre fue muy confusa para mí, y pasé gran parte de mi tiempo preguntándome quién era yo y cuál era mi propósito. Llegué a pensar en serio que Dios había cometido un error cuando hizo a Jenni Fairbairn, ya que en ese tiempo, no sabía las maravillas que había planeado para mí.

Me encontraba desesperada, quebrantada y con pocas esperanzas, cuando crucé la puerta de Mercy Ministries. Necesitaba un milagro, y en lo profundo de mí sabía que Dios era el único que podía ayudarme. Había buscado en todos lados. Me dijeron que los programas del gobierno podían recibirme si esperaba de doce a dieciocho meses, pero yo sabía que no tenía tanto tiempo.

El amor y la aceptación que recibí en Mercy no se parecían a nada que hubiera experimentado antes. No podía creer que estas personas se preocuparan genuinamente por mí sin esperar nada a cambio. Estaba totalmente sorprendida por su amor incondicional.

Transcurrido un año en Mercy Ministries, Jenni pudo caminar con la cabeza en alto, sin avergonzarse de su pasado y emocionada por su futuro. Dios había colocado en la vida de Jenni una semilla que ahora estaba viva. Al enemigo, que viene a robar, matar y destruir, le habría encantado no solo robar el sueño de Jen, ¡sino también su vida misma!; sin embargo, aquí podemos ver el beso del cielo una vez más. ¡Nuestro Dios es *asombroso*!

Jenni comenzó a trabajar con Mark y conmigo para abrir Mercy Ministries Australia. Mercy Australia es el cumplimiento del sueño recibido de Dios, que se ha hecho realidad. El sueño sigue creciendo, y seguimos orando para que, en el tiempo de Dios, se abran más hogares en toda Australia y Nueva Zelanda. Ya abrimos el primero en Queensland.

No escuche voces equivocadas durante el tiempo en que permanece esperando en Dios.

A lo largo de los años hemos entendido que debemos esperar el tiempo señalado por Dios. Nosotros fuimos fieles al sueño que Dios colocó en nuestras manos, aunque cuando comenzamos no teníamos oficinas ni recursos ni personal, los cuales me parecen los ingredientes perfectos para atraer el favor celestial y poder ver el sueño hecho realidad. Si usted carece de capacidades, del trasfondo, de la educación o, en ocasiones, hasta del apoyo de quienes lo rodean, pues... todo lo que tengo que decirle es que por lo menos puede estar seguro de que cuando la semilla comience a crecer y a florecer, ¡*toda* la gloria será para Dios! Servir a Dios cuesta trabajo, sin duda; pero el precio no es nada al compararlo con el gran gozo que se encuentra al servirlo. No es un gozo que depende de las circunstancias, pues *nada* puede robarle el gozo a un creyente consagrado. Muchas personas huyen de sus sueños cuando se dan cuenta de que les costará tener paciencia, perseverancia y firmeza, no desean pagar el precio que requiere el sueño.

No escuche voces equivocadas durante el tiempo en que permanece esperando en Dios. En cambio, resista al ladrón de sueños. Rodéese de personas llenas de Dios, que levantarán su fe; en vez de acompañarse de quienes solo le darán consejos basados en su propia lógica. Necesita tener una gran valentía para vislumbrar el camino que lo llevará a la realización de un sueño dado por Dios.

Un incontable número de personas ya han recorrido el camino antes que nosotros, siguiendo con valor las nobles misiones que provienen de Dios. Por ejemplo, Marilyn Hickey es una mujer a quien admiro mucho, que tiene el valor de buscar un sueño que Dios le dio. Nació aparentemente en la generación menos adecuada, cuando se desalentaba la participación de las mujeres en el ministerio; sin embargo, ella se liberó de las limitaciones naturales que se le impusieron y ha vivido su sueño, que es el de cubrir la tierra con la Palabra de Dios. Es la pasión de su vida. La semilla de su sueño fue sembrada cuando trabajaba arduamente por las noches, mientras su familia dormía, para hacer grabaciones de la Palabra de Dios para quienes necesitaran escucharla. Antes que ella ninguna mujer había hecho algo así, no se suponía que debían hacerlo; pero ella tenía un sueño en el corazón.

Cuando Sara, la hija de Marilyn, tuvo su primer bebé, me llamó para darme la maravillosa noticia. Y le pregunté: "¿Dónde está tu mamá? ¿Está bien?" Sarah me dijo: "Está escalando los muros de Sudán, cubriendo la tierra con la Palabra". Marilyn se acercaba a los setenta años en ese entonces, pero la semilla de su sueño la había llevado más allá de sí misma, pues su sueño era mayor que ella. *¡Qué inspirador!*

El favor en tiempos desfavorables

La palabra *favor* casi evoca una vida "perfecta": vivir las veinticuatro horas a la luz de la promesa, sin ningún problema, nada que superar, ninguna montaña que escalar, ninguna preocupación en el mundo. Pues bien, amigo mío, eso está reservado para el cielo. Debe darse cuenta de que, si una imagen como la anterior es lo que usted piensa de cómo debería ser la vida en la tierra, entonces todo lo que no esté a la altura de esa idea lo hará sentir decepcionado y por ello sus momentos de verdadero gozo serán tan fugaces que *nada* lo satisfará jamás.

A mediados del 2002, Mark y yo, junto con nuestra familia y un maravilloso equipo de Compassion Australia (Compasión Australia), hicimos un viaje que habíamos esperado por mucho tiempo. Fuimos a Bangkok y a Chiang Mai, en Tailandia, y a Manila, en las Filipinas, para visitar a dos de los niños que estábamos apadrinando. Estábamos ansiosos por conocerlos, a ellos y a sus familias, para ver dónde vivían y la diferencia real que hacía el patrocinio en ellos. También estábamos nerviosos de lo que encontraríamos en algunos de los barrios pobres que visitaríamos, y nos preguntábamos cómo afectaría a nuestras hijas esa experiencia. Y le pedíamos sabiduría a Dios para poder cambiar esas circunstancias tan severas.

Job nunca abandonó ni se alejó de la dedicación a su Dios.

Y así fue. Presenciamos penurias increíbles. Lloramos ante las condiciones horrorosas que tenían que soportar las familias, y nos abrumaron sentimientos de impotencia ante lo enorme y patente del dolor. Pero también encontramos un profundo espíritu humano y una bondad, que brillaban demasiado como para ser ignorados; así como una revelación fresca del favor de Dios en la peor de las situaciones, lo cual nos mostró de nuevo el corazón de nuestro Padre hacia la humanidad.

En la Palabra encontramos que cuando Jesús se revelaba, había respuestas; donde se le conocía, había provisión, aunque llegara poco a poco; en cualquier parte en que se reconocía la realidad de Cristo, había esperanza. En el lugar que visitamos había muchos niños que no tenían nada, absolutamente nada de valor terrenal; sin embargo, poseían un hermoso brillo en sus ojos, y un entendimiento inocente, sencillo y profundo de que su Padre celestial los amaba más allá de toda medida. Me inspiró mucho ver en acción el amor de Cristo, así como la determinación de estos maravillosos seres humanos de buscar su rostro y su propósito para sus vidas, de ser obedientes y de confiarle a Él su futuro.

En Job 10:12 hay un texto increíble que dice: "Vida y misericordia me concediste, y tu cuidado guardó mi espíritu". Job nunca abandonó ni se alejó de la dedicación a su Dios, aun en medio del infierno en la tierra que experimentó y de que en ocasiones se encontró a sí mismo discutiendo *con* Dios. En el primer capítulo del libro de Job, lo primero que hizo este hombre fue postrarse en adoración, aun después de que le quitaron su sustento, sus riquezas y a sus amados hijos. Obviamente, la devoción de Job era abundante y no dejó de serlo, incluso en la adversidad. Algo hermoso de lo que Job se dio cuenta en medio de la tribulación fue del *cuidado* y de la benevolencia de su Señor.

Tal como los Salmos nos señalan que hagamos, necesitamos *Selah* (esperar, hacer una pausa y pensar sobre este momento). Usted tarda un tiempo en desilusionarse o en desanimarse sobre la situación en la que se encuentra. Bien, pues puede elegir tomar ese mismo tiempo para buscar el favor divino de Dios, para *alzar su rostro*. De nuevo, es una elección. No merecemos la gracia y el favor, pero los atraemos. Él *nunca* lo decepcionará. Las situaciones pueden resultar de manera diferente a lo que usted esperaba, pero Dios mismo, que promete nunca dejarlo ni desampararlo vendrá en su ayuda. Eso es lo curioso de la fe. La fe es de lo que se sostienen nuestras vidas. Es muy real. La Palabra la describe y la llama la certeza de lo que no se ve: "Es, pues, la fe la certeza de lo que se espera, la convicción de lo que no se ve" (Hebreos 11:1). La confianza es invisible al ojo humano, pero es sumamente real para el espíritu.

Otra experiencia maravillosa que encontramos en el mismo viaje fue un servicio de alabanza organizado por los niños de Compassion. De nuevo, muchos niños huérfanos que vivían en condiciones realmente modestas, y en ocasiones miserables, se reunieron para dar una ofrenda de adoración a su Señor y Salvador por todo lo que había hecho y sigue haciendo en sus vidas. Cantaron una canción tras otra para exaltar a Dios por lo que es, sin quejarse nunca; bendecidos en su sencilla condición humana al vivir en el gozo de la salvación. Pude sentir que el corazón de Dios también era bendecido. ¡Fue algo *divino*!

Nunca más me quejaré de tener que levantarme temprano, pues mi cansancio es principalmente producido por las largas horas que se necesitan para disfrutar de ¡una *vida bendecida*! Mis "infortunios" se colocaron en otra perspectiva, por completo; y de nuevo, nuestros motivos fueron desafiados y refinados mientras nos dirigíamos a las profundidades de la verdadera adoración guiados por estas leyendas vivientes, ¡verdaderos héroes del siglo veintiuno!

Amigo mío, Jesús es el que hace la diferencia. Él obra. La Palabra sigue funcionando, hasta en el tercer mundo, donde las incapacidades de las naciones más prósperas de la tierra permiten que millones de personas vivan en extrema pobreza. Cuando usted se enfrente a situaciones de vida o muerte, ¿adivine qué?... la Palabra de Dios funciona, está viva, es revolucionaria. Y si en verdad usted se encuentra en su límite, donde ya no puede más, la Palabra de Dios no puede mentir y siempre sostendrá su espíritu. Eso es lo que es el favor.

Con frecuencia, en el Antiguo Testamento Dios usaba los sueños como un medio para dar revelaciones divinas. En Génesis 37, comienza a desarrollarse una gran historia sobre un joven llamado José. Él era un pastor (¿qué relación habrá entre los pastores y la grandeza?) de quien se escribe que era favorecido por su padre ya que lo había engendrado en su vejez.

> *Y soñó José un sueño, y lo contó a sus hermanos; y ellos llegaron a aborrecerle más todavía. Y él les dijo: Oíd ahora este sueño que he soñado: He aquí que atábamos manojos en medio del campo, y he aquí que mi manojo se levantaba y estaba derecho, y que vuestros manojos estaban alrededor y se inclinaban al mío.*
> Génesis 37:5-7

José era un soñador, y el sueño que se describe en los versículos 5-7 debió haberlo cautivado, porque lo compartió con sus hermanos; lo cual los indignó por su supuesta arrogancia y soberbia.

Usted podría pensar que José debía haber entendido que no obtendría de sus hermanos el apoyo que anhelaba; pero no, no entendió, y les contó su siguiente sueño; lo que los enfadó aún más.

> *Soñó aun otro sueño, y lo contó a sus hermanos, diciendo: He aquí que he soñado otro sueño, y he aquí que el sol y la luna y once estrellas se inclinaban a mí.*
> Génesis 37:9

Yo supongo que el contenido del sueño los hizo enojar demasiado, pues era un ejemplo de cómo pronto se inclinarían ante Él.

Usted conoce la historia que aparece en Génesis 37:18-24: Con el tiempo se cansaron de su actitud aparentemente altanera y conspiraron para matarlo *¡qué decisión tan extrema!* su hermano mayor intervino e hizo que lo colocaran en una cisterna vacía, en vez de que lo mataran; sin embargo, desde ese momento parecía que la vida de José había terminado.

Todo fue de mal en peor. Del pozo salió a ser vendido como esclavo. Mas Dios siguió abriendo una senda donde no había ninguna. Posteriormente, llevaron a José a la casa de Potifar, un oficial del rey. Ahí, José encontró favor de nuevo. La Palabra afirma que el Señor estaba con José, y que él prosperó viviendo bajo "el beso del cielo". Y tan pronto como fue evidente ante los ojos de Potifar que José tenía el favor de Dios y que el Señor le daba éxito en todo lo que emprendía, Potifar lo puso a cargo de todo lo que poseía.

> *Mas Jehová estaba con José, y fue varón próspero; y estaba en la casa de su amo el egipcio. Y vio su amo que Jehová estaba con él, y que todo lo que él hacía, Jehová lo hacía prosperar en su mano. Así halló José gracia en sus ojos, y le servía; y él le hizo mayordomo de su casa y entregó en su poder todo lo que tenía. Y aconteció que desde cuando le dio el encargo de su casa y de todo lo que tenía, Jehová bendijo la casa del egipcio a causa de José, y la bendición de Jehová estaba sobre todo lo que tenía, así en casa como en el campo. Y dejó todo lo que tenía en mano de José, y con él no se preocupaba de cosa alguna sino del pan que comía. Y era José de hermoso semblante y bella presencia.*
> GÉNESIS 39:2-6

La historia continúa como la película *Groundhog Day* (El día de la marmota), y José es encarcelado injustamente. Pero nuestro tenaz José tenía un sueño, y aun en la cárcel el Señor estaba con él y le otorgó benevolencia y favor. "Pero Jehová estaba con José y le extendió su misericordia, y le dio gracia en los ojos del jefe de la cárcel" (Génesis 39:21).

Al término de esta historia, José se volvió gobernador de Egipto, y justo como en el sueño que Dios le reveló antes, todo el pueblo, incluyendo a sus hermanos, se inclinó ante él.

La afirmación más hermosa que se encuentra en este relato es la que hace Josué cuando le pone nombre a su segundo hijo, a quien llama Efraín, porque dijo: "Dios me hizo fructificar en la tierra de mi aflicción" (Génesis 41:52). Este es otro gran ejemplo del favor divino.

Si usted está sirviendo a Dios, y está amándolo en todo lo que hace, lo invito a ser fuerte y a no perder el ánimo. Tal como lo hizo con José, Dios obra a favor nuestro para que su plan se desarrolle. *¡Ningún hombre ni ningún plan malvado* puede interponerse en el camino del Todopoderoso!

Dios no hace que mueran nuestras esperanzas y sueños. Debemos animarnos los unos a los otros a ignorar las mentiras del diablo y a aferrarnos al hecho de que Dios ha soplado vida en nosotros y nos ha dado sueños que debemos alcanzar y disfrutar. Demasiadas personas han sufrido porque su vida ha sido estropeada por el ladrón de sueños, y sencillamente sobreviven, sin tener pasión por lo que hacen.

Seguramente usted no quiere llegar al final de su vida para escuchar que tan solo se le diga "fue hecho", en lugar de "bien hecho". Resista al enemigo, porque intenta robar nuestros sueños. Debemos mantenernos firmes, aun cuando no tengamos la habilidad natural para hacerlo. Cuando la vida sea difícil, cuando hayamos perdido una batalla en contra del ladrón de sueños, no debemos concederle el triunfo total de la guerra. Para ello debemos usar nuestra fe y tener confianza en que Dios nos concederá los deseos de nuestro corazón, tal y como la Palabra lo promete. Los sueños de Dios son demasiado preciosos como para hacerlos a un lado.

¿Seguramente usted no quiere llegar al final de su vida para escuchar que tan solo se le diga "fue hecho", en lugar de "bien hecho".

Cuando seguimos confiando en Dios en momentos que requieren fe para hacerlo, nos volvemos fuertes. Esos frutos llegan al corazón mismo de Dios. Y cuando en medio de la decepción personal le adoramos, aun cuando todo parece oscuro a nuestro alrededor, sus brazos se abren para consolarnos y fortalecernos. Como lo mencioné en el libro *Adoración sin reservas*, cuando sufrí un aborto espontáneo de nuestro amado hijo no nacido, Dios cambió el incidente que el ladrón de sueños quiso traer en mi contra, y lo convirtió en una gran pasión y en la convicción de adorarlo a Él. Eso nunca me podrá ser arrebatado. Tengo la confianza de que los sueños brotarán de las semillas que Él ha plantado en todos los que le ofrecen sacrificios de alabanza.

Nunca abandone un sueño que proviene de Dios

Aunque mis padres hablaban grandeza a mi vida continuamente, y eran un ejemplo de padres amorosos, el ladrón de sueños, al vislumbrar mi potencial, puso manos a la obra para destruirme. Atravesé durante mi adolescencia por un camino difícil, al creer lo peor de mí misma: que era gorda y fea, y que necesitaba esforzarme mucho para recibir amor, si quería complacer a los demás o ser aceptada. También crecí creyendo que el divorcio de mis padres había sido por culpa mía, la cual es una historia similar a la de muchos otros jóvenes.

En este momento ya sé que fue el diablo, el ladrón de sueños, quien quería robar el futuro que Dios había colocado en mi joven corazón. Él trabaja con especial esmero en contra de los jóvenes o de personas que anidan nuevos sueños en sus corazones, para arrebatarles toda esperanza y matar la semilla de un sueño en sus tiernos inicios. Él se llevó a mi bebé antes de que yo siquiera hubiese tenido la oportunidad de luchar por él. El enemigo roba, esa es su personalidad, es un ladrón.

Los sueños que provienen de Dios siempre sufrirán oposición, incluso antes de que usted se dé cuenta de que esa idea asombrosa que alberga en su corazón puede ser algo más que un pensamiento caprichoso. Cuántas veces ha llegado una gran idea a su mente e *instantáneamente* usted ha pensado: *Ah, ¿no sería grandioso?... pero yo nunca podría...* Cuando escuche palabras como *"yo nunca podría..."* sepa que el enemigo está planeando su derrota para robarle su victoria; que intenta asfixiar el sueño antes de que brote.

Cuando Jesús nació, el enemigo de Dios puso en el rey Herodes el deseo de buscarlo y hacer que lo mataran. Antes de que Moisés naciera, el mismo ladrón de sueños hizo que Faraón decretara el asesinato de todos los niños varones. El diablo reconoce un sueño que proviene de Dios mucho antes que nosotros.

En 1 Samuel, podemos leer que Satanás intentó sofocar el llamado que David tenía, de ser el rey escogido por Dios para reinar sobre Israel. David era el candidato menos probable para convertirse en rey (al menos a los ojos de todos los demás). Cuando Samuel fue a ungir a uno de los hijos de Isaí para que tomara el lugar de Saúl sobre el pueblo de Dios, su propio padre pensó que David ni siquiera merecía ser mencionado como uno de sus hijos; a tal grado David era considerado "el último". ¡La mayoría de nosotros creemos que por lo menos debemos ser mencionados como miembros de nuestra familia! Creo que el plan del enemigo era matar, durante su infancia, el sueño que Dios había puesto en David.

David era el último de los últimos, pero cuando Dios lo eligió, le dijo al profeta Samuel: "No mires a su parecer, ni a lo grande de su estatura, porque yo lo desecho; porque Jehová no mira lo que mira el hombre; pues el hombre mira lo que está delante de sus ojos, pero Jehová mira el corazón" (1 Samuel 16:7).

Permita que Dios sople vida en su sueño

Usted sabe que un sueño proviene de Dios si al querer abandonarlo éste no lo abandona a usted. Agradezco enormemente que Dios sea tan generoso. Mis sueños se cumplen por su gracia, porque sopla vida a las semillas del deseo que puso en mi corazón.

Dios sopló vida en Adán. Así como sopló vida en la creación, quiere hacer lo mismo en la vida que le ha dado a usted. La vida que Dios sopla es su presencia sobrenatural, que trae su favor y abundancia a nuestra vida natural. Ese es el poder que tenemos para vencer al ladrón de sueños.

La vida sobrenatural es estar conscientes de la presencia de Dios en todo lo que hacemos.

Jesús dijo que vino a traernos *vida*, no muerte; y vida *en abundancia*. Él explicó: "El ladrón no viene sino para hurtar y matar y destruir; yo he venido para que tengan vida *[zoe]*, y para que la tengan en abundancia" (Juan 10:10). La palabra *abundante* es 'perissos', que significa 'sobreabundante en cantidad' o 'superior en calidad'; por consecuencia, 'excesivo'. En Cristo y a través de Él, *tenemos acceso a una vida en exceso*, o sea, abundantemente superior, más elevada, más allá de toda medida, mayor, superabundante, vivamente llena de la bondad de Dios. ¡Qué asombroso!

Usted puede vivir toda la vida haciendo lo que es natural: levantarse por la mañana, ir a trabajar, regresar a casa al final del día, ir a dormir y levantarse de nuevo al día siguiente, y repetir todo el proceso. Esa es una vida natural. Pero la vida sobrenatural es estar conscientes de la presencia de Dios en todo lo que hacemos. La vida sobrenatural se manifiesta cuando usted permite que Dios exhale su vida en la de usted. En nuestras vidas naturales y cotidianas, Jesús es la dimensión que provoca que hagamos las obras sobrenaturales que demuestran la gloria de su presencia en nuestras vidas.

Aunque su día pueda presentarle acontecimientos que pueden causar enojo, la presencia sobrenatural de la vida de Dios en usted lo capacita para responder con perdón. Cuando alguien hace algo que lo hiere, su respuesta natural puede ser la amargura; pero ese sentimiento puede reemplazarse de manera sobrenatural con empatía y preocupación hacia quien nos ofende. El gozo sobrenatural reemplaza al sufrimiento natural, la compasión reemplaza la venganza; y de este modo hay vida donde tan solo habría habido muerte.

La palabra *'gracia'* tiene en el diccionario algunas definiciones que me gustaría compartir con usted: una disposición de amabilidad y compasión; favor gratuito e inmerecido o el auxilio de Dios; un estado de santificación por Dios; amor divino y protección otorgada gratuitamente a las personas. Ahora comparemos las descripciones de *'favor'*: ayuda, socorro que se concede a alguien; acción en beneficio y utilidad de alguien; expresión de agrado; honra, beneficio, gracia; preferencia en la gracia y confianza de alguien. Solo hay dos palabras en hebreo en el Antiguo Testamento que se traducen como *'gracia'*, y ambas provienen de la raíz *'chânan'*, que es la misma raíz de la palabra *favor*; que significa encorvarse o agacharse por amabilidad hacia alguien inferior; implorar, conceder, mostrar misericordia o realizar una súplica. La *Nueva Concordancia Strong Exhaustiva* solo da una palabra en español: *'favor'*, para traducir la palabra griega *'charis'*, que significa amabilidad o forma de actuar, y se refiere en especial a la influencia divina sobre el corazón:

aceptación, beneficio, favor, don, gracia, gozo, generosidad, placer.

Resulta casi imposible tratar de separar las palabras *gracia* y *favor*. *Gracia* se usa para hablar de nuestra posición en la vida, mientras que *favor* se utiliza con mayor frecuencia para hablar acerca de nuestra misión. Gracia para vivir y favor para moverse. Supongo que esa es la razón de la importancia inherente que tienen ambas palabras para la vida y la eficacia, "porque en él vivimos, y nos movemos, y somos" (Hechos 17:28).

La palabra *gracia* se usa más comúnmente para expresar el concepto de amabilidad hacia alguien que no la merece en lo absoluto; es por ello que se le describe como "el favor inmerecido de Dios". La *gracia* no es tan solo un acto de amabilidad que nos lleva a la salvación, es el factor que nos permite tener la fuerza para mantener una vida cristiana poderosa. Por otro lado, *favor* no se utiliza con frecuencia en el Nuevo Testamento, pero cuando se usa, más bien se refiere a alguien que hace el bien y después encuentra el favor, lo cual es un elemento sobrenatural que está fuera de nuestro control.

Esta es la vida plena que necesitamos que Dios sople en nosotros y en nuestros sueños. Lo reto a respirar el aliento mismo de Dios, que hace que todo lo natural decaiga; y a que se llene de la presencia de Dios, para que usted responda sobrenaturalmente a la vida. La vida de Dios en nosotros trae su favor, su vida abundante. Cuando el ladrón de sueños amenace la esperanza que permanece en su corazón, corra a los brazos del fabricante de sueños. La única arma que Satanás tiene en contra de nosotros es la mentira de que nuestros sueños no pueden llegar a realizarse. El ladrón de sueños es fácil de vencer. La Biblia dice: "Someteos, pues, a Dios; resistid al diablo, y huirá de vosotros" (Santiago 4:7).

Usted puede ser honesto con Dios, dígale cuando se sienta abrumado. Al desear servirlo en verdad, al adorarlo por ser fuerte cuando usted es débil, Él lo levantará y lo llevará a un lugar de gracia sobrenatural que no solo será un sueño. Dios hará que sus sueños se vuelvan la realidad de una vida abundante en Él.

PORQUE EN ÉL FUERON CREADAS TODAS LAS COSAS, LAS QUE HAY EN LOS CIELOS Y LAS QUE HAY EN LA TIERRA, VISIBLES E INVISIBLES; SEAN TRONOS, SEAN DOMINIOS, SEAN PRINCIPADOS, SEAN POTESTADES; TODO FUE CREADO POR MEDIO DE ÉL Y PARA ÉL. Y ÉL ES ANTES DE TODAS LAS COSAS, Y TODAS LAS COSAS EN ÉL SUBSISTEN.

Colosenses 1:16-17

El intercambio con el cielo

Cinco

EL INTERCAMBIO CON EL CIELO

La vida está llena de vistazos del intercambio entre el cielo y su mundo, y son evidentes si usted decide verlos. Esos momentos en los que yo intento ver la vida a través de los ojos de Dios, en los cuales trato de ser consciente y de recordar su asombrosa fidelidad, se han convertido en anclas para mantenerme en el lugar adecuado cuando nuevas tormentas vienen bramando en contra mía.

Una de esas anclas de esperanza llegó a mí cuando mi padre estaba muriendo de cáncer. Lo visité después de la que resultó ser su última operación, cuando estaba a seis semanas de fallecer. Él tenía un enorme agujero en el estómago que no sanaba y yo estaba desilusionada. No estaba enojada con Dios, pero tenía muchas preguntas para las cuales no podía encontrar respuestas. Mi padre me era muy querido por muchas razones y fue a través de Él que llegué a conocer a Cristo. No podía entender *por qué* mi papá no mejoraba. Tanto él, como sus amigos y su familia, creíamos y esperábamos un milagro, ya que Él había sido fiel con el Señor ¡y *yo* creía que merecía un milagro!

Mientras estaba sentada junto a mi papá, hablé con él acerca de mis dudas. Le dije: "Papá, no entiendo por qué estás sufriendo, porque ese sufrimiento no es parte de lo que he leído en la

Palabra de Dios acerca de nuestro futuro y de nuestra esperanza. En verdad necesitamos un milagro".

Nunca olvidaré las magníficas palabras que mi padre me habló desde su cama del hospital ese día, a finales de noviembre de 1990. Aunque su cuerpo estaba invadido por el cáncer, me miró con sus hermosos ojos sonrientes y me dijo llanamente: "Querida mía, *ya tengo* mi milagro".

Lo miré incrédula. ¡Pensé que los sedantes le habían afectado! Pero papá me dijo de nuevo: "Ya tengo mi milagro: conozco a Jesús. Tengo la salvación y eso es suficiente; suficiente para mí".

En lo natural, fue como si la muerte hubiera llegado en ese momento, pero en lo sobrenatural, mi papá estaba viviendo bajo el favor de Dios. Él tenía un intercambio con el cielo que yo no podía ver. La pasión de papá, de mirar las cosas como Dios lo haría, en verdad rasgó mi corazón y desafió mi perspectiva de la vida, lo cual inició un gran cambio en mi manera de pensar. Ahora, reflexiono y considero lo que confieso con mi boca cuando camino a través de las pruebas de la vida; y ambiciono intercambiar mi perspectiva por la del cielo.

A pesar de nuestras circunstancias, Dios promete cuidar de nosotros y darnos su favor, mantener los pactos que ha hecho con nosotros, caminar junto a nosotros y mantenernos como suyos.

> *Porque yo me volveré a vosotros, y os haré crecer, y os multiplicaré, y afirmaré mi pacto con vosotros.*
>
> *Comeréis lo añejo de mucho tiempo, y pondréis fuera lo añejo para guardar lo nuevo.*
>
> *Y pondré mi morada en medio de vosotros, y mi alma no os abominará; y andaré entre vosotros, y yo seré vuestro Dios, y vosotros seréis mi pueblo.*
>
> Levítico 26:9-12

Mi papá vio que Jesús es el mayor milagro de todos, y ser

capaz de comprender su punto de vista es un regalo enormemente grande. Papá no necesitó un milagro de sanidad para sentirse realizado; su amistad con Jesús fue el cumplimiento del propósito de su vida.

Definitivamente, aprender a ser adoradores es una decisión que debemos tomar todos los días.

¡Mi padre era un adorador! Él veía la vida desde el punto de vista de Dios. Él veía lo mejor, y tenía la habilidad de cambiar su ambiente e influenciar a quienes lo rodeaban al confesar con su boca la alabanza que se encontraba en su corazón. Definitivamente, aprender a ser adoradores es una decisión que debemos tomar todos los días. Adorar a Dios en medio de circunstancias amenazantes es un poderoso principio del sacrificio que le agrada. La adoración es un principio que cambia nuestra atmósfera, y *si* podemos hacer de ella un modo de vida, tiene la capacidad de abrir puertas ante nosotros hacia nuevas posibilidades.

El 8 de diciembre de 1990, mi querido padre y amigo se fue a casa, para estar con Jesús. La muerte no dejó ningún *aguijón*. El corazón adorador de papá y su inflexible fe nunca vacilaron, y llegó danzando a la gloria.

Cuando conozca un dolor tan grande que sienta que se ahogará en las profundidades de la emoción es cuando necesita elegir adorar al Rey. Ahí, cuando ha tocado fondo. Es en ese punto cuando la dulce presencia de Dios lo llenará; y nuestro Padre soplará su aliento en su vida, lo cual le permitirá levantarse de nuevo y encontrar su gracia y favor para continuar.

Cuando sienta que su mundo está en completa oscuridad, elija alabarlo en medio de ella. La luz gloriosa de

Dios invadirá la situación; porque es una verdad que la
luz y la oscuridad no pueden coexistir. Una explosión de
alabanza aleja la oscuridad, y de nuevo su beso se revela;
lo cual es la realidad de por qué necesitamos un Salvador.

Esos son ejemplos de lo que yo llamo *el intercambio con el cielo*; es decir, cuando Dios literalmente intercambia nuestras debilidades por su fuerza, nuestro quebranto por su plenitud. Él nos dice: "Bástate mi gracia; porque mi poder se perfecciona en la debilidad" (2 Corintios 12:9).

Cuando usted se levanta y elige regocijarse frente a la oposición, literalmente está utilizando las armas de guerra espiritual que Pablo describe: "Porque las armas de nuestra milicia no son carnales, sino poderosas en Dios para la destrucción de fortalezas" (2 Corintios 10:4). En el Salmo 66:3 dice: "¡Cuán asombrosas son tus obras! Por la grandeza de tu poder se someterán a ti tus enemigos".

Los momentos de satisfacción deben estar vinculados al cielo de alguna manera, ya que la verdadera felicidad es una muestra de la gracia de Dios. Conozco a muchas personas que disfrutan de momentos de satisfacción y de éxito; sin embargo, no llevan vidas *realizadas*. Usted puede vivir toda una vida entera sin estar completo.

Usted puede vivir toda una vida entera

sin estar completo.

El sueño que Dios tiene para usted es, primeramente, *la salvación*; la cual lo bendice a usted con su comunión y bendice a los demás a través de la amistad íntima que Él tiene con usted. Esos intercambios están a la vista todos los días, si elegimos verlos.

En ocasiones, Dios nos brinda intercambios que nos parecen difíciles de aceptar, aun cuando deseamos lo que nos ofrece.

Recuerdo haber experimentado uno de esos difíciles intercambios cuando Dios me dijo que yo no debía hacer cosas para Él. Tardé mucho en ver esta verdad desde su perspectiva; y hasta que entendí todo lo que Jesús hizo para ganar el amor de Dios para mí, fue que pude aceptar que nunca podría yo hacer más de lo que Él hizo para conseguir la gracia de Dios.

Hay dos maneras de mirar los retos cotidianos que enfrentamos: una es a través de los ojos nublados de la desesperanza, y la otra es a través del Árbol de la Vida, con el rostro vuelto hacia Él, viendo a Dios trabajar para intercambiar nuestros conflictos actuales por su gloria misericordiosa. He aprendido a poner mi atención en el intercambio con el cielo, al dar a Dios todo aquello de lo que me preocupo y al aprender a hacer lo que David dijo que haría, en el salmo cuatro. A cambio, Él me da confianza para continuar sin miedo.

> *En paz me acostaré, y asimismo dormiré;*
> *Porque solo tú, Jehová, me haces vivir confiado.*
> SALMO 4:8

La "oración vespertina", como llamamos cariñosamente al salmo cuatro, tiene un título que le sienta a la perfección: "Oración vespertina de confianza en Dios". Las palabras de David que aparecen en el versículo cuatro de este salmo: "Temblad, y no pequéis; meditad en vuestro corazón estando en vuestra cama, y callad. *Selah*", se citan en Efesios 4:26-27: "Airaos, pero no pequéis; no se ponga el sol sobre vuestro enojo". No le dé pie al diablo al someterse a cada capricho emocional que trate de dominarlo. Seguramente David había llegado a comprender que cuando se sentía indignado o las emociones estaban a punto de vencerlo, la sabiduría le gritaba: "¡Espera!"

Selah. Tome usted un momento para hacer una pausa. Piense y tranquilice su alma. Hacerlo es como tener un buque bajo control, me suena a dominio propio. El versículo cinco resume este proceso de una manera bastante categórica: "Ofreced sacrificios de justicia, y confiad en Jehová". La mayoría de las decisiones que usted tome día a día para caminar en el camino de la justicia requerirán que diga *no* en ocasiones en las que desee decir *sí*. Cuando quiera decir *sí*, y no deba hacerlo, no abra la boca. Y no diga nada cuando crea tener mucho que decir, o exigirán de usted más de lo que se sabe poseedor. De nuevo, escuchamos las palabras del verso cinco: "Confiad en Jehová". Nuestro Señor ya ha organizado su favor y su gracia para nosotros, pero depende de nosotros implementarlos.

El cielo intercambia el estrés por su gloria

Hace varios años, Mark y yo estábamos sembrando nuestro tiempo, al servir en la iglesia local, mientras nos esforzábamos para obtener de nuestro taller de motocicletas los ingresos que necesitábamos. En aquel entonces, yo era la directora de alabanza de la iglesia, lo cual consumía muchas horas de mi tiempo. También ayudaba en nuestro negocio vendiendo refacciones de motocicleta por teléfono. Me gustaría agregar que no fui la mejor en ese trabajo, ¡pero ahora sé todo sobre juntas y filtros de gasolina! Cuando se me presentaba la oportunidad, acudía a algunas sesiones y cantaba en melodías publicitarias como vocalista de apoyo en comerciales para el radio y la televisión. Y todo eso lo hacía mientras me afanaba en equilibrar mi tiempo para ser la mamá de nuestras hermosas hijas.

Un día hice el compromiso de darle a Dios todo lo que tenía, pero pronto llegué a pensar: *Está bien, prometí darle mi vida a Dios, ¡pero ahora, mira dónde estoy!* Me sentía agotada, estaba cayendo en un profundo agujero.

Con el tiempo, he aprendido a amar dos palabras: *perseverancia* y *paciencia* (¡quizás *amor* sea una palabra demasiado fuerte!).

Al encontrar el intercambio con el cielo, debemos darnos cuenta de que no se nos rescatará de nuestros problemas de manera inmediata; pero en cambio, de manera sobrenatural y en un instante, nos hacemos conscientes de su bondad, de su favor hacia nosotros, del tiempo que nos dedica y de su compromiso de edificar nuestras vidas. Qué increíble es el hecho de que en aquel momento difícil y frustrante de mi vida fuera cuando surgiera la canción "Canta al Señor". Otro ejemplo del intercambio con el cielo.

Durante esa misma temporada de mi vida, un día en que estaba tremendamente cansada y frustrada, abrí el correo y encontré otra factura de adeudo. Pensé: *No puedo seguir un día más. ¡No puedo seguir viviendo así! Dios, ¿qué le pasó a tu promesa? Sencillamente no puedo creer que esto nos esté pasando.* Usted sabe a lo que me refiero: ¡demasiado trabajo y poco sueldo!

Con el tiempo, he aprendido a amar dos palabras:

perseverancia y paciencia.

Bien, mis pensamientos de desesperación y mis lágrimas de autocompasión se interrumpieron con el sonido de la risa de mis hijas, que provenía de su habitación. Nuestra pequeña Chloe tenía casi un año y Amy ya casi cumplía cuatro, y en ese momento sus risitas sonaban como si estuvieran cometiendo una gran travesura. Corrí a la habitación para ver lo que les parecía tan gracioso a las niñas. Nunca olvidaré la imagen de cuánto gozaron ese día. Ahí estaban mis hermosas hijas, totalmente desvestidas, saltando con felicidad sobre la cama. Quizá el hecho de que había yo quitado las sábanas de la cama para lavarlas provocó que las niñas vieran el colchón desnudo como un campo de juegos sumamente atractivo. Cada una tenía un frasco de talco que sacudía en cada salto. Los rayos de sol se filtraban a través de las ventanas dando al aire fragante y nublado una sensación maravillosa de otro mundo.

Nunca olvidaré la imagen de esos dos cuerpos pequeños y desnudos que reían en esa nube iluminada y llena de talco. En cuanto entré a la habitación relegué todo y comencé a reír.

Cuando Dios nos concede un intercambio,

nos recuerda el verdadero valor de la vida.

De nuevo, Dios intercambió de una manera hermosa mi manera de ver las circunstancias por la suya propia ¡cuando vi a mis bebas jugar felices y sin preocupaciones entre la luz del sol! Fue un generoso ejemplo de lo que era colocar mis cargas en Él, pues mis hijas *no estaban conscientes* de mis preocupaciones de adulto, ellas solo disfrutaban de la vida, se amaban entre sí ¡y se sentían encantadas de hacer un desorden!

Me senté en el suelo junto a la cama y reí con mis queridas hijas. Algo en mi corazón me susurró: *Todo estará bien.* Sentí la sonrisa del cielo. Tan solo segundos antes me había sentido angustiada pensando que el favor comenzaba a parecer un infierno en la tierra, ¡en vez del cielo en la tierra! Y treinta segundos después, mis hijas bailarinas habían dado un vuelco a mi corazón. Dios veía mi vida bajo una luz mucho más hermosa de lo que yo pude entender en ese momento.

Cuando Dios nos concede un intercambio, nos recuerda el verdadero valor de la vida. Estoy segura de que Dios ofrece intercambios a todo el que elija verlos.

Un ancla de esperanza

El siguiente pasaje resume el ancla de esperanza que recibió Abraham, la cual nos ha sido otorgada a nosotros, como herederos de su promesa. Debemos aferrarnos a esta esperanza cuando nos sintamos amenazados por las preocupaciones de la vida. Nuestra herencia es la siguiente:

> *De cierto te bendeciré con abundancia y te multiplicaré grandemente. Y habiendo esperado con paciencia, alcanzó la promesa. Porque los hombres ciertamente juran por uno mayor que ellos, y para ellos el fin de toda controversia es el juramento para confirmación. Por lo cual, queriendo Dios mostrar más abundantemente a los herederos de la promesa la inmutabilidad de su consejo, interpuso juramento; para que por dos cosas inmutables, en las cuales es imposible que Dios mienta, tengamos un fortísimo consuelo los que hemos acudido para asirnos de la esperanza puesta delante de nosotros. La cual tenemos como segura y firme ancla del alma, y que penetra hasta dentro del velo, donde Jesús entró por nosotros como precursor, hecho sumo sacerdote para siempre según el orden de Melquisedec.*
> HEBREOS 6:14-20

La promesa y el juramento de Dios son nuestra esperanza. Y, a su vez, la esperanza es el ancla del alma; segura y firme. Si damos todo a Dios, incluyendo nuestras preocupaciones, Él hará todo lo necesario para completar el plan que posee para nosotros.

No hace mucho, en este mismo año, tuve serios problemas con la voz; mi cuerpo sencillamente *no* quería cantar. Cuando abría la boca, nada hermoso salía de ella, lo cual fue tan frustrante que ni siquiera puedo describírselo. Bien, esto ocurrió al mismo tiempo en que el presidente Bush anunció que la guerra contra Irak era inevitable. Se percibía el temor en todas las noticias. El estado aterrador y doloroso del mundo se ponía en evidencia una vez más.

Una mañana, después de llevar a las niñas a la escuela, me senté algunos momentos frente al piano (no el piano viejo y desafinado, sino uno hermoso que me regaló una preciosa amiga). Solo le dije a Dios: *Mi esperanza no está en mi habilidad de cantarte; mi confianza no está en la habilidad de Estados Unidos de ganar la guerra; mi esperanza, Padre, está en tu nombre.*

Esta es una parte de la canción que surgió de otro intercambio con el cielo.

"Mi esperanza"

Mi esperanza está en el nombre del Señor
De donde viene mi socorro
Tú eres mi fuerza, mi canción
Mi confianza está en el nombre del Señor
Y yo cantaré tu alabanza
Tú eres fiel.

[Traducido del inglés: "My Hope"]

Si un hombre es llamado a ser barrendero, debe barrer las calles aun de la misma manera en que Miguel Ángel pintaba, en que Beethoven componía música o en que Shakespeare escribía poesía. Deberá barrer las calles tan bien, que todo el cielo y la tierra se detengan a decir:

"Aquí vivió un gran barrendero, que hizo bien su trabajo".

Martin Luther King, Jr.

Un corazón consagrado

Seis

UN CORAZÓN CONSAGRADO

C ómo es un corazón consagrado? Definitivamente no es como la religión, y, por supuesto, tampoco es similar a una vida llena de reglas y normas. Podemos vislumbrar algo de la apariencia de un corazón consagrado cuando echamos un vistazo dentro del corazón nuevo que nos da Dios a través de la salvación. El Salmo 34:22 guarda una promesa hermosa: "Jehová redime el alma de sus siervos, y no serán condenados cuantos en él confían".

La salvación a través de Cristo nos da una nueva vida, libre del pasado y repleta de promesas para el presente. Un nuevo corazón se coloca en el centro de nuestro ser, lleno de nuevas motivaciones, con un nuevo sistema de valores, un nuevo comienzo y un Salvador que dirige nuestros pasos. La salvación, valga la redundancia, nos salva. Parece ser que cualquiera que haya sido rescatado físicamente de una muerte inminente afirma que, de una u otra manera, experimenta la vida con una perspectiva renovada. ¡Qué gran regalo!

Cuando consagramos totalmente nuestro corazón a Dios y lo dedicamos completamente a Él, nunca volvemos a ser los mismos. Nos movemos de una posición de oscuridad espiritual a una de luz gloriosa. Dios dijo refiriéndose a su pueblo: "Y les daré corazón para que me conozcan que yo soy Jehová; y me serán por pueblo, y yo les seré a ellos por Dios; porque se volverán a mí de todo su corazón" (Jeremías 24:7). Y justo antes de esto, dijo: "Porque pondré mis ojos sobre ellos para bien, y los volveré a esta tierra, y los edificaré, y no los destruiré; los plantaré y no los arrancaré" (Jeremías 24:6).

Cuando consagramos totalmente nuestro corazón a Dios y lo dedicamos completamente a Él, nunca volvemos a ser los mismos.

Un corazón que valora a su Salvador encuentra un manantial de vida que es imposible ignorar. En la medida en que usted se deleita en el Rey, se encuentra a sí mismo con que florece en los momentos difíciles: canta en medio de la desolación, sonríe en el centro de la adversidad, da a pesar de que no haya nada que dar, danza cuando sus miembros le duelen, ama aunque su corazón está roto y ¡se mantiene firme cuando ir a la cama parece la mejor opción!

> *Deléitate asimismo en Jehová,*
> *Y él te concederá las peticiones de tu corazón.*
> *Encomienda a Jehová tu camino,*
> *Y confía en él; y él hará.*
> SALMO 37:4-5

Las semillas de los sueños que se encuentran dentro de usted deben ser regadas con su verdad y calentadas con la luz de su presencia para que germinen, produzcan raíces y finalmente florezcan hasta convertirse en algo tan maravilloso y brillante que todos los que vean el fruto de nuestras vidas puedan percibir la bondad y el poder inmerecido de Dios. Dios es tanto el fabricante de sueños como Aquél que los cumple. "Porque Dios es el que en vosotros produce así el querer como el hacer, por su buena voluntad" (Filipenses 2:13). Cuando llegue a su madurez, el fruto de esta semilla traerá algo mucho más grande que el éxito: cegará una cosecha abundante de gozo y realización personal. La semilla contiene la respuesta para la pregunta frecuente: "¿Cómo puedo hacer que mi vida tenga significado?"

En el Salmo 1:3 se nos da la respuesta de una manera sencilla: "Será como árbol plantado junto a corrientes de aguas, que da su fruto *en su tiempo*, y su hoja no cae; y todo lo que hace, prosperará". No hay nada menos apetecible que un fruto recogido antes de tiempo. Recoja fruta de un árbol antes de que esté madura, y ¿a qué sabe? Es amarga o insípida; irritante o carente de sabor. Si usted hace caso a lo que dice al inicio de este texto: "No anduvo en consejo de malos, ni estuvo en camino de pecadores, ni en silla de escarnecedores se ha sentado" (Salmo 1:1), y huye del pecado, del secreto, de los malos hábitos y de todo aquello que no representa la mano de Dios en su vida, entonces, en la temporada (es decir, en el tiempo de Dios, cuando usted esté listo), el fruto de su vida será dulce y dará sabor a todo aquello con lo que entre en contacto.

Cuando usted trata de recoger frutos que no están maduros, es difícil bajarlos del árbol. Lo mismo ocurre en la vida, pues usted también tendrá que luchar cuando trate de obrar fuera de tiempo. Cuando usted intenta por su cuenta cumplir su sueño fuera del tiempo de Dios, no fluirá nada de él, pero cuando lo hace en la temporada, es igual que cuando recoge de un árbol una naranja madura: casi cae por sí sola, ya está pesada por la gran cantidad de jugo que tiene; usted puede olerla antes de abrirla; es hermosa y el jugo se derrama por todas partes; cuando usted la pone en su boca, ¡sabe *tan* bien! Así es la fruta en temporada. Y, cuando haya llegado la temporada en su vida, entonces habrá mucha tranquilidad. Esa temporada no será amarga ni insípida. Con frecuencia, quienes han salido antes de tiempo dejan tras ellos un rastro de personas amargadas y desilusionadas. Esa *no* es la voluntad de Dios.

Cuando usted intenta por su cuenta cumplir su sueño fuera del tiempo de Dios, no fluirá nada de él.

Dios lo sorprenderá una y otra vez si se lo permite. Por ello, despréndase de sí mismo y deje que todo su corazón abrace al Dios de las maravillas. Cuando los sueños dados por Dios se realizan en su pueblo, su gloria (su asombroso poder, bondad y misericordia) se manifiesta en la tierra y los no creyentes son atraídos hacia su inmerecido favor. La vida de usted tiene la palabra "destino" escrita por todos lados cuando eso ocurre. Ame a Dios con todo el corazón, llene de nuevo su vida a través de su Palabra, revitalícese con su amistad a través de la adoración, reabastézcase con su favor a través de su diario caminar, y después, *esté atento* cuando las ventanas del cielo comiencen a brillar sobre todo aquello que Dios lo ha llamado a hacer.

Conságrese al Señor, dedíquese por completo a Él

Cuando comencé a escribir este libro, estaba esperando a nuestra tercera hija, Zoe Jewel. Un día, Mark, Amy y Chloe me acompañaron al doctor para ver un ultrasonido del pequeño cuerpo que crecía rápidamente en mi interior. Todos estábamos algo nerviosos, ya que la última vez que lo habíamos hecho los resultados habían sido devastadores. ¡A todos nos emocionó escuchar el pequeño corazón de Zoe latir con una nueva vida! ¡No era posible borrar la sonrisa de nuestros rostros!

Después, mientras almorzaba con una amiga, le hablé de la emoción que sentía no solo de escuchar el corazón de Zoe, sino de verlo en la pantalla ¡bombeando al ritmo perfecto de la vida!

Parecía que Dios me estaba instando a explorar de una manera más profunda cuál era la importancia de amarlo a Él con *todo* el corazón, con cada parte latiendo para Él; para que Él se deleite con nosotros y nosotros obtengamos nuestra realización en la vida. Dios dijo en su palabra: "Os daré corazón nuevo, y pondré espíritu nuevo dentro de vosotros; y quitaré de vuestra carne el corazón de piedra, y os daré un corazón de carne. Y pondré dentro de vosotros mi Espíritu, y haré que andéis en mis estatutos, y guardéis mis preceptos, y los pongáis por obra" (Ezequiel 36:26-27).

Así que comencé a investigar el funcionamiento interno del corazón. Dicho de una manera sencilla, el corazón trabaja como dos bombas (fíjese en esto). La mitad del corazón bombea sangre sin oxígeno hacia los pulmones, donde se energiza de nuevo (se llena de oxígeno una vez más). La otra mitad del corazón bombea la sangre oxigenada desde los pulmones al resto del cuerpo.

En este hecho físico puedo ver una similitud con la manera en que funciona la gracia como músculo de nuestro corazón espiritual. Este músculo lleva nuestros cansados pensamientos y nuestras fragilidades humanas a las promesas de la Palabra de Dios, lo cual aumenta nuestro deseo de adorarlo en verdad, y ahí, nuestros pensamientos se reaniman con su presencia. La otra mitad del corazón espiritual bombea esta fe ferviente hacia nuestro diario caminar con Él, lo cual nos unge con su favor para que hagamos todo lo que tiene planeado, con el fin de llevar vida al mundo.

Jesús dijo: "El ladrón no viene sino para hurtar y matar y destruir; yo he venido para que tengan vida, y para que la tengan en abundancia" (Juan 10:10). Si usted ha confiado su vida a Jesús, entonces sabe lo diferente que es la existencia desde que Dios le dio un corazón nuevo capaz de bombear su vida (la vida del Padre mismo) hacia sus pensamientos y a través de sus acciones. Pero, querido amigo, usted debe guardar su corazón. En Jeremías 17:9 se nos advierte: "Engañoso es el corazón más que todas las cosas, y perverso; ¿quién lo conocerá?".

Así como debemos ejercitarnos para mejorar nuestra resistencia física, también debemos caminar en fe para fortalecer nuestros corazones espirituales

En 2 Tesalonicenses 2:16-17 dice: "Y el mismo Jesucristo Señor nuestro, y Dios nuestro Padre, el cual nos amó y nos dio consolación eterna y buena esperanza por gracia, conforte vuestros corazones, y os confirme en toda buena palabra y obra". A diferencia de nuestros corazones naturales, los cuales hacen circular nueva vida a todo el cuerpo de manera *automática*; debemos ejercitar con fe nuestros corazones espirituales para mantenerlos fuertes. Así como debemos ejercitarnos para mejorar nuestra resistencia física, también debemos caminar en fe para fortalecer nuestros corazones espirituales, pues la fe sin obras es muerta.

En una ocasión, mi doctor me colocó sobre una caminadora para medir la resistencia de mi corazón. ¡Fue brutal! Pero cuando la prueba terminó y los resultados mostraron un corazón fuerte, ¡me sentí maravillosamente! De la misma manera, Dios permite que nuestra fe sea probada para que podamos caminar en lo que en verdad creemos, desde una posición de fuerza.

Dios no nos prueba para beneficiarse Él, sino a nosotros. "Porque el Señor al que ama, disciplina, y azota a todo el que recibe por hijo" (Hebreos 12:6). La prueba no es para que Dios la vea, ya que Él nos conoce hasta lo más profundo. Pero cada prueba de fe hace a nuestros corazones un poco más fuertes; los hace crecer en madurez, sabiduría y fuerza, para ser capaces de lidiar adecuadamente con la vida, del tamaño de Dios, que reside en nosotros. "Bienaventurado el varón que soporta la tentación; porque cuando haya resistido la prueba, recibirá la corona de vida, que Dios ha prometido a los que le aman" (Santiago 1:12).

Acerca de esto tenemos mucho que decir, y difícil de explicar, por cuanto os habéis hecho tardos para oír. Porque debiendo ser ya maestros, después de tanto tiempo, tenéis necesidad de que se os vuelva a enseñar cuáles son los primeros rudimentos de las palabras de Dios; y habéis llegado a ser tales que tenéis necesidad de leche, y no de alimento sólido. Y todo aquel que participa de la leche es inexperto en la palabra de justicia, porque es niño; pero el alimento sólido es para los que han alcanzado madurez, para los que por el uso tienen los sentidos ejercitados en el discernimiento del bien y del mal.

HEBREOS 5:11-14

Hebreos 5 está dirigido a los creyentes que se han vuelto lentos en alcanzar la revelación espiritual, diciendo que ellos deberían estar enseñando los principios de Dios a los demás, pero en cambio, aún carecen de experiencia y no son hábiles en *propósito, pensamiento y acción,* para estar de acuerdo con la voluntad divina. Son como bebés que todavía necesitan la leche de la palabra en lugar de la carne, "pero el alimento sólido es para los que han alcanzado madurez, para los que por el uso tienen los sentidos ejercitados en el discernimiento del bien y del mal" (versículo 14). La aplicación constante de la Palabra de Dios en nuestras vidas cotidianas es lo que nos permite caminar en la realidad de nuestros sueños. La siguiente versión de la Biblia lo dice así: "No podrán ingerir alimentos espirituales sólidos ni entender las más profundas verdades de la Palabra de Dios mientras no sean mejores cristianos y aprendan a distinguir entre lo que es bueno y es malo mediante la práctica del bien" (versión *Biblia al día*). Por otro lado, la versión que citamos anteriormente dice que las raciones de carne son "para los que *por el uso tienen los sentidos ejercitados* en el discernimiento del bien y del mal".

Los creyentes tibios escuchan la Palabra de Dios pero nunca la ponen en práctica ¡y después se preguntan por qué se encuentran viviendo en la tierra de la frustración! *¡Yo lo he hecho, he estado en esa tierra!* Somos llamados a ser hacedores de la palabra y no solo oyentes.

Atrévase a ser alguien que tome literalmente las promesas de Dios, y que le sirva de todo corazón, mientras vive en su verdad todos los días.

No sea alguien que elija servir a Dios con tibieza, atrévase a ser alguien que tome literalmente las promesas de Dios, y que le sirva de todo corazón, mientras vive en su verdad todos los días, permitiendo que lo transforme para después esparcir esta verdad a los demás. ¡Esa es la vida abundante que recibimos con la muerte de Jesús!

Esté completamente dispuesto y rendido a Dios

Dios se deleita en usar a personas ordinarias que han consagrado sus corazones, al dedicarlos y rendirlos completamente a Dios, para realizar obras extraordinarias y para ver cumplidas las promesas de su Palabra. "Los que amáis a Jehová, aborreced el mal; él guarda las almas de sus santos; de mano de los impíos los libra" (Salmo 97:10). Es hermoso ver cómo Él imparte favor sobre los fieles. Estas personas pueden ser talentosas y tener dones sorprendentes, pero esa no es la razón por la cual Dios las bendice, ni por la cual Él recibe bendición.

Lo que digo, lo he visto una y otra vez en nuestro equipo de alabanza. El talento es importante, pero no es lo que finalmente trae un impacto duradero. He visto a muchas personas talentosas ir y venir, a menudo incitando problemas, mientras se inflan tratando de hacerse notar. Sé que suena duro pero, para ser honesta, la intención de mi corazón al escribir este libro es tratar de ahorrarle que aprenda de manera difícil algunas de estas lecciones de la vida. Hay un favor divino que viene al caminar y perseverar en algo hecho con pasión y fe durante mucho tiempo, sin permitir que los reveses y los obstáculos nos disuadan del sueño. Solo sea bueno para confiar en Dios y para servir a los demás.

Aunque muchos pueden intentarlo, no es posible separar a Dios de la palabra *'bendición'*, aun si a usted el ser bendecido lo hace sentirse incómodo, ya que bendecirlo a usted está en su naturaleza magnífica, es parte de la naturaleza de la Trinidad. Cuando entendemos cuánto hemos recibido por gracia, somos humillados en la presencia de Dios; pero, al humillarnos, Él nos levanta de nuevo. Dios se opone a los orgullosos, pero da gracia a los humildes.

Igualmente, jóvenes, estad sujetos a los ancianos; y todos, sumisos unos a otros, revestíos de humildad; porque: Dios resiste a los soberbios, y da gracia a los humildes. Humillaos, pues, bajo la poderosa mano de Dios, para que él os exalte cuando fuere tiempo; echando toda vuestra ansiedad sobre él, porque él tiene cuidado de vosotros. Sed sobrios, y velad; porque vuestro adversario el diablo, como león rugiente, anda alrededor buscando a quien devorar; al cual resistid firmes en la fe, sabiendo que los mismos padecimientos se van cumpliendo en vuestros hermanos en todo el mundo. Mas el Dios de toda gracia, que nos llamó a su gloria eterna en Jesucristo, después que hayáis padecido un poco de tiempo, él mismo os perfeccione, afirme,

*fortalezca y establezca. A él sea la gloria y el imperio por
los siglos de los siglos. Amén.*
1 PEDRO 5:5-11

Él levantará a los humildes cuando sea su tiempo. Dios otorga
gracia para restaurarnos; y la gracia es la fuente del poder que nos
hace fuertes, seguros y firmes para que nuestros corazones le sean
agradables. Amar a Dios con todo el corazón es una invitación a
colocar nuestra ansiedad sobre Él, porque le importamos mucho.
Como alguien lo dijo: "Jesús moriría antes que vivir sin ti".

No desprecie los comienzos pequeños

Cuando Mark y yo nos mudamos a Sidney, nuestro primer
departamento estaba sobre el consultorio de un doctor ¡y teníamos que compartir el baño con sus pacientes! No era demasiado
malo, pero en una ocasión, un amigo y su familia se quedaron en
nuestro departamento mientras estábamos fuera de la ciudad.
Olvidamos decirle acerca del arreglo que teníamos con el doctor
para el uso del baño (¡pequeño detalle!). Al día siguiente, cuando
nuestro amigo terminó de ducharse, al abrir la puerta, encontró
una paciente esperando su turno para entrar, y ahí estaba él de pie
¡vistiendo tan solo una toalla! Ahora el incidente nos produce risa,
pero en ese momento a él no le pareció tan divertido.

Nuestra meta no era criar una familia en un consultorio médi-
co... sino confiar en Dios con todo nuestro corazón. Con frecuencia la travesía se ve un poco diferente a lo que imaginó al pensar en el "folleto" de su viaje ideal de fe. Él siempre ha brindado
la manera de que sus planes se cumplan. La clave es vivir en agra-
decimiento continuo por todo lo que hace.

Así que, consagre su corazón, dedíquelo por completo a
Dios, y guárdelo con toda diligencia, pues de él mana la vida.

¿A QUÉ SE PARECE EL FAVOR
DE DIOS?
A LA GRACIA DE DIOS APLICADA DIARIAMENTE
DURANTE TODA LA VIDA.

Mark Zschech

Dedicado a su Palabra

$\mathcal{S}$iete

DEDICADO A SU PALABRA

"Hijo mío, no te olvides de mi ley, y tu corazón guarde mis mandamientos" (Proverbios 3:1). La mayoría de los cristianos estamos familiarizados con el pasaje de Proverbios 3:5-6, que nos promete que Dios va a bendecirnos si confiamos en Él. Pero los versículos escritos antes y después de estas famosas palabras son fundamentales para dirigirnos por una senda derecha y allanada hacia lo que Dios promete. Considere cuidadosamente el pasaje completo:

> *Hijo mío, no te olvides de mi ley,*
> *Y tu corazón guarde mis mandamientos;*
> *Porque largura de días y años de vida*
> *Y paz te aumentarán.*
> *Nunca se aparten de ti la misericordia y la verdad;*
> *Átalas a tu cuello,*
> *Escríbelas en la tabla de tu corazón;*
> *Y hallarás gracia y buena opinión*
> *Ante los ojos de Dios y de los hombres.*
> *Fíate de Jehová de todo tu corazón,*
> *Y no te apoyes en tu propia prudencia.*

101

Reconócelo en todos tus caminos,
Y él enderezará tus veredas.
PROVERBIOS 3:1-6

Lo que aquí se dice es que la Palabra de Dios es nuestra fuente de vida. Si la Palabra de Dios vive en nuestro corazón, entonces vamos a hallar gracia y buena opinión, tanto de Dios como de otras personas. Podemos ver estas Escrituras de manera bastante práctica. Por ejemplo, si usted no es bueno para mostrar misericordia y verdad a los que lo rodean, puede pedirle a Dios que le enseñe y lo entrene. O puede buscar rendirle cuentas a alguien que no dude en desafiarlo si su conducta no está alineada con la Palabra. Esforzarse por ponerla en práctica vale la pena, ya que es parte del carácter de Cristo. Además de que la Escritura le promete gracia y favor si usted desarrolla estos aspectos.

El regalo de la paz

Cuando usted crece en el conocimiento de Dios, también crece su paz. He notado en mi propio caminar con Dios que cuanto más lo conozco, más me rindo a Él. Tanto la Palabra escrita (su *logos*) como su Palabra hablada (su *rema)*, nos llenan de paz. La Biblia está repleta de promesas, de instrucción y de principios para la vida. Si usted abre sus oídos para escuchar, Dios le hablará todo el tiempo, tanto al leer la Palabra como directamente a su corazón, a través de un silbo apacible dentro de usted. ¡Tome en cuenta que algunas veces ese silbo, al parecer apacible, parecerá un poco *ruidoso* cuando Dios esté tratando de llamar su atención!

Muchas veces, al ver a un extraño, a una familia o a una madre con su hijo, algo dentro de mí me dice: *¡Ve y habla con ellos, comienza una conversación!* Primero pienso: *Está bien*. Pero luego reflexiono: *No..., va a parecer que estoy loca...* Hasta que el impulso se vuelve casi audible: *¡VE... HABLA... AHORA!*

Cada vez que he obedecido la dulce voz del Espíritu Santo dentro de mí, he tenido la oportunidad de comenzar una nueva amistad, de invitar a personas a la congregación, o de, simplemente, ser amable. Usted puede estar orando y orando para que Dios abra puertas para usarlo, y aun así perder oportunidades incontables que se encuentran justo frente a usted cada día.

La Palabra de Dios es vida para nosotros;

es tan importante como el aire que respiramos.

Jesús dijo: "Escrito está: No sólo de pan vivirá el hombre, sino de toda palabra que sale de la boca de Dios" (Mateo 4:4). La Palabra de Dios es vida para nosotros; es tan importante como el aire que respiramos. Si no sabemos lo que Dios ha dicho en su Palabra, y si nunca tomamos el tiempo de estar quietos y de escucharlo, ¿cómo podemos tener fe en sus promesas? "Pero sin fe es imposible agradar a Dios" (Hebreos 11:6).

Cuando los discípulos le pidieron a Jesús que les enseñara a orar, una de las cosas que les dijo fue que pidieran por el pan de cada día: "El pan nuestro de cada día, dánoslo hoy" (Mateo 6:11). Me *encanta* el pan recién horneado; ese increíble aroma y la suave textura blanca. ¡Mmmm, no hay nada igual! Lo mismo sucede con nuestra vida espiritual: nunca vamos a estar satisfechos viviendo con la revelación de ayer o con la de alguien más. Esto ya lo he dicho varias veces antes, pero lo repito: nuestro camino al trono debe estar bastante desgastado por el uso.

Cuando esperamos escucharlo para que nos dirija en las decisiones que enfrentamos cada día, y cuando leemos la Palabra para confirmar su voz, crecemos en el conocimiento de quién es Él y de quiénes somos en Cristo. Cuando por fin entendamos nuestra posición en Cristo, nunca vamos a querer conformarnos con nada menos que con su voluntad y su propósito, perfectos para nuestra vida.

La paz viene cuando no nos estamos esforzando, ni estamos tratando de ganarnos el amor de Dios ni sus promesas, porque la gracia del Señor es la energía que nos permite servirlo. La paz es aquello que usted percibe que lo envuelve cuando siente que está a punto de ahogarse en un mar de pesar, de dolor y rechazo, de decepción o desánimo. Esta es una hermosa promesa de la Palabra de Dios: "Jehová está en medio de ti, poderoso, Él salvará; se gozará sobre ti con alegría, callará de amor, se regocijará sobre ti con cánticos" (Sofonías 3:17). Llegar al final del día bajo el gobierno de la paz que sobrepasa todo entendimiento es algo fuera de este mundo. Es como una indescriptible bocanada de brisa marina. El pensamiento de que Dios se regocija sobre nosotros con cánticos *es increíblemente encantador.*

A través de la adoración entramos en la paz de la que Dios habla. La paz parece ser algo suave, pero es una gran fuente de poder en nuestra vida. Cuando estamos en paz, vivimos la vida desde una posición de fortaleza; corremos sin cansarnos ni desmayarnos.

La comprensión se incrementará

Dios sabía que íbamos a necesitar ayuda para comprender su vasto amor por nosotros, así que prometió enviarnos al Espíritu Santo para aconsejarnos y enseñarnos todo lo que el Señor quiere que conozcamos: "Mas el Consolador, el Espíritu Santo, a quien el Padre enviará en mi nombre, Él os enseñará todas las cosas, y os recordará todo lo que yo os he dicho" (Juan 14:26). El Espíritu Santo va a hablar a nuestro corazón solo aquello que escuche hablar al Padre. Juan 16:14 enseña que el Espíritu Santo glorifica a Jesús al tomar lo que es de Jesús y hacérnoslo saber: "Él me glorificará; porque tomará de lo mío, y os lo hará saber". ¡Hermoso, hermoso, hermoso!

Incluso si usted no comprende muchas cosas al principio, es importante que siga con la lectura de la Palabra y que le pida a Dios que le revele su verdad a través del Espíritu Santo. La Palabra lo va a dirigir directamente al corazón del Padre.

Lo que usted siembre en su corazón es lo que va a dar fruto. Algunas de mis experiencias más divinas han sido cuando el Espíritu Santo me ha recordado una promesa que está en su Palabra. La sincronización de Dios siempre es perfecta. Romanos 10:17 dice: "Así que la fe es por el oír, y el oír, por la palabra de Dios". Por eso es tan importante meditar en la Escritura hasta que comprendamos cómo se aplica a nuestras circunstancias presentes. Es difícil ignorar hacia dónde nos dirige Dios si sus promesas están inscritas en nuestro corazón.

La brecha de Dios

Casi cada unos de los relatos bíblicos donde Dios se encontró con su pueblo, revela un momento en el que Dios les dijo lo que quería que hicieran; y, dependiendo de su fe, ellos obedecieron o desobedecieron. No tenían nada, más que una promesa, para ayudarlos a decidir el camino que debían tomar.

La historia de la fe que tuvo Noé en la Palabra de Dios es uno de los relatos que más me impresionan. Dios le dijo que construyera un arca lo suficientemente grande como para albergar el futuro de toda la creación, porque iba a enviar lluvia para destruir la tierra. No existía una manera natural de que Noé tuviera la capacidad de comprender el concepto de diluvio. ¡Imagínese! Piense en las burlas que sufrió Noé durante todos esos años, cuando la gente se reía de él por construir un refugio en contra de un *diluvio;* algo que nadie había visto antes. Noé no tenía evidencia ni pruebas científicas para probar que venía la lluvia; solo tenía la Palabra de Dios.

Abraham dejó la seguridad de su patria porque Dios le dijo que saliera hacia un lugar que heredaría más tarde. ¡Abraham salió incluso sin saber a dónde iba! su fe se incrementó a medida que iba actuando sobre la Palabra de Dios y fue galardonado con la promesa que Dios le había hecho.

Moisés, Gedeón, Barac, Sansón, Jefté, David y Samuel; ninguno de estos hombres fue perfecto, pero todos tuvieron *fe* en su Dios. La prueba de que Dios les había hablado, siempre vino *después* de que actuaron sobre lo que habían creído. Han habido muchas veces en mi vida cuando las circunstancias naturales han parecido una locura, pero Dios me ha pedido que lo *obedezca* y confíe en Él. Ese tipo de situación (me siento obligada a decirlo) *nunca* es cómoda.

Cuando estaba por comenzar en la iglesia uno de nuestros congresos para mujeres, le di permiso a mi hija mayor, Amy, de que faltara medio día a la escuela para que pudiera cantar en una de las sesiones. A Chloe, quien tiene diez años, le encanta el fútbol, los juegos de armar y los robots. Ella estaba indignada porque yo no le había dado medio día libre ¡para construir robots en casa! (¡Así es mi Chloe!) Le dije: "¡Mi amor, si quieres venir al congreso de mujeres, puedes tomarte medio día libre también!". Ella respondió: "No voy a ir a uno de esos congresos para aprender a pintarme las uñas". (Cualquier cosa "rosa" es un tabú para el mundo de Chloe; simplemente no le interesa.)

Le dije: "Bueno, ¡entonces no puedes tomarte el día!". Bien, me encantaría decir que mi ángel respondió con un: "Sí, mamá". Pero la verdad es que se quejó y lloriqueó un buen rato.

Más tarde, salí al pasillo y Chloe pasó frente a mí marchando como si estuviera en huelga. Hizo un letrero y lo fijó a un palo. El letrero decía: "¡No es justo! ¡No es justo! ¡No es justo!". (¡En serio, eso hizo mi hija!) Mark y yo nos cambiamos de ropa y nos preparamos para irnos al congreso. Cuando volvimos a salir, todo el pasillo estaba plagado con carteles que decían: "¡No es justo!".

¿Algunas veces no siente usted ganas de hacer lo mismo? ¿No siente ganas de marchar en huelga con su letrero de consignas: "¡No es justo! ¡No es justo! ¡No es justo!"? Algunas veces la vida no parece justa. Por eso necesitamos amar la brecha de Dios.

¡Sorpresa! *No* hay ninguna magia que pueda hacer realidad su sueño. Simplemente esa es la verdad. De un lado está la realidad, donde todos vivimos, haciendo que nuestra vida funcione; en ello estamos día a día, tratando de hacer el mejor uso de lo que está en nuestras manos, siendo fieles. ¡Y del *otro* lado está el sueño! Esos son los dos lados, y en medio: *la brecha de Dios.* A veces siento que la distancia entre la realidad y el sueño parece un camino espantosamente largo. Sin embargo, fuimos diseñados para vivir allí, en la brecha de Dios. Es, pues, la fe la *sustancia* de lo que se espera, la *evidencia* de lo que no se ve.

Uno de los hombres a quien sueño conocer un día (posiblemente será en el cielo) es Billy Graham. Un hombre ordinario, con un corazón increíble por Dios... y una pasión por alcanzar a los perdidos. ¿Usted sabe por qué se le ha dado el privilegio a Billy Graham de llevar a millones a Cristo? Por vivir "la vida" (la realidad, la existencia cotidiana) verdaderamente bien. Él vive una cruzada a la vez, una persona a la vez. Es las manos y los pies de Jesús un día a la vez; algunas veces en estadios, a veces con los vecinos de la casa de junto; al amar a su esposa, al ser un padre para sus hijos. Billy ha tenido el privilegio de ver cumplidos sus sueños gracias a ser fiel y apasionado en su "realidad", vive en la brecha de Dios y confía en Dios. Este siervo de Cristo, como Nehemías, está dispuesto a dar su vida por otros. Y, como consecuencia, ha caminado con gracia divina por causa del Rey.

Durante los ataques terroristas del 11 de septiembre de 2001 estuvimos de gira en Estados Unidos. Recuerdo que esa semana vi en la televisión a Billy Graham al dirigirse a una reunión de líderes nacionales. Cuando se levantó para hablar, en la parte inferior de la pantalla apareció un letrero que decía: "Billy Graham, pastor de la nación". Pensé que es increíble que gracias a que este hombre hizo fielmente lo que Dios le pidió que hiciera a lo largo de los años, Dios le dio el privilegio de ser llamado "el pastor de Estados Unidos" en uno de los momentos más desesperados de la nación. Eso es inspirador.

Dios nos ha dado el don de ser grandes pensadores. La capacidad de nuestro intelecto es bastante sorprendente. Podemos pensar; en distintos niveles; acerca muchas cosas a la vez; en diferentes momentos. Pero necesitamos aprender a no manipular las circunstancias por querer ver que nuestros sueños se hagan realidad. Las relaciones que provienen de Dios son maravillosas, pero cualquiera de nosotros puede quedar atrapado en la trampa de la manipulación, y eso no es vivir confiando en Dios. Caer en la trampa de promoverse a uno mismo en lugar de permitir que Dios lo haga por uno, es un agujero en el que realmente a usted no le gustaría caer. Las oportunidades que surgen de tener buenas relaciones son increíbles, pero no cuando provienen de usar o abusar de un contacto para nuestro propio beneficio. "Fíate de Jehová de todo tu corazón, y no te apoyes en tu propia prudencia" (Proverbios 3:5).

Sueños contra metas

Entre un sueño y una meta hay una gran diferencia. Las metas son asombrosas, son honorables, piadosas..., nobles. Pero con planeación anticipada y disciplina, las metas se establecen con el fin de que usted esté listo para lograrlas.

Con este pensamiento, permítame desafiarlo: Si usted sabe cómo llevar a cabo el proyecto, entonces no es un sueño, es una meta. Como dije anteriormente, yo no quiero llegar al cielo y que Dios me diga: "Bien hecho, buena *planeadora* y fiel". Es bueno llevar a cabo los planes, ¡pero yo quiero vivir en el plano de la fe, en la brecha de Dios, en la tierra de lo milagroso!

Mark y yo llevábamos un año de casados cuando llegamos a la iglesia Hillsong. En esa época éramos como doscientos, y ninguno teníamos dinero; pero teníamos un gran sueño y sabíamos que servíamos a un gran Dios. Para poder pagar nuestro apartamento, ¡yo tenía que ayudar a podar los jardines que estaban en la propiedad que rentábamos, para que nos descontaran un poco de dinero de la renta! Esa era nuestra realidad, pero estábamos felices sirviendo a Dios. Estábamos apasionados de lo que Dios podía hacer a través de nuestra vida, y lo estábamos viviendo. Y todavía lo hacemos; vivimos en la brecha de Dios, y ahora estamos viendo cómo se vuelve realidad una parte del sueño que nació hace tantos años. Estamos comenzando a vislumbrar que se realiza algo de los sueños.

Cuando la menor de mis hijas todavía era una beba, un día la estaba cargando mientras las dos mayores estaban en la escuela. Al verla dormir, le dije a Mark: "Amor, siento que ya estoy viviendo mi sueño". Me volteó a ver, esperó un momento, y dijo: "Bueno,

¡entonces sueña con algo mayor!". Después de que me recuperé del impacto, le di gracias a Dios por un hombre que piensa así y que me desafía en momentos en los que fácilmente podría sentirme tentada a relajarme y dejar de "avanzar". Mark desafía el conformismo que puede haber en mí.

Lo que usted no quiere saber acerca de un sueño

Un sueño es *trabajo duro*. Ver que nuestros sueños se hagan realidad requiere de duro esfuerzo. Exige concentración, muchas horas de trabajo, frustración, tiempos de prueba y de "tira y afloja". Cuando estamos en la brecha de Dios nos asustamos; no se siente cómodo estar ahí, y no es agradable. ¡No se supone que sea placentero! Necesitamos aprender a decirnos constantemente: "Todo lo puedo en Cristo que me fortalece" (Filipenses 4:13).

Algunas veces, la brecha de Dios en la cual estamos nos parecerá *injusto*. Otras veces, la brecha de Dios en la cual estamos no parecerá un sueño, sino una pesadilla. Habrá comparaciones y decepciones. Quizá nos sintamos ignorados. O tal vez suceda una tragedia que no corresponda con la manera en que pensábamos que la vida se desarrollaría. Por ejemplo, en un congreso de mujeres, en 2001, una de mis amigas acababa de perder a su bebé a los cinco meses de embarazo; vino al congreso y lloró todo el tiempo. ¿Sabe en dónde se encontraba? En su brecha de Dios. "Es, pues, la fe la certeza de lo que se espera, la convicción de lo que no se ve" (Hebreos 11:1). ¿Y sabe en dónde estaba más segura? Ahí, en la brecha de Dios. El Espíritu Santo todavía estaba trabajando y moviéndose para hacer su sueño realidad. Su sueño no se había acabado, aunque ella sentía como si su vida hubiera terminado. Sin embargo, ella tuvo que pasar por esa tragedia. Algunas veces nos va a parecer injusto, pero la sincronización de Dios es perfecta.

El Salmo 31:14-15 dice: "Mas yo en ti confío, oh Jehová; digo: Tú eres mi Dios. En tu mano están mis tiempos; líbrame de la mano de mis enemigos y de mis perseguidores". Es fabuloso orar estas Escrituras cuando todo nuestro mundo va bien; pero necesitamos sembrarlas en nuestro corazón para que, cuando nuestros días no vayan tan bien, podamos confesarlas y declarar la Palabra de Dios sobre las circunstancias.

En 2 Corintios 1:20-22 dice: "Porque todas las promesas de Dios son en él Sí, y en él Amén, por medio de nosotros, para la gloria de Dios". No en nuestra fuerza, sino que *en Él* es el "Amén", para la gloria de Dios. "Y el que nos confirma con vosotros en Cristo, y el que nos ungió, es Dios, el cual también nos ha sellado, y nos ha dado las arras del Espíritu en nuestros corazones". Y al final del versículo 24 dice: "Porque por la fe estáis firmes". ¡Por la fe! No siempre es fácil, pero es por la fe.

Otro punto a considerar es que *el asunto no gira alrededor de usted*. ¡Lo sé, es impactante! Dios quiere que estemos sanos, fuertes, restaurados, completamente bien, pero no para nosotros mismos, sino para que podamos ir a ministrar al quebrantado de corazón, al que sufre, al menesteroso. ¡No para que podamos cantar canciones de adoración para siempre! A mi ser natural le encantaría cantar y adorar durante días, y realmente eso me ayudaría, me sanaría y me prepararía para estar delante del Padre, ¡pero necesitamos integrar todo lo que aprendemos al proceso de vivir bien la vida! *No todo gira alrededor de mí*. Requerimos que la necesidad que tienen los demás nos consuma. Algunas veces podemos estar tan concentrados en que nuestros sueños se hagan realidad, y nos enfocamos tanto en ello, que nuestros ojos ni siquiera ven lo que Dios nos ha puesto a la mano, y nos lo perdemos; nos perdemos de toda la experiencia de la travesía. Lo imposible, y todo lo que no tenemos, nos consume tanto, que olvidamos que Dios nos ha dado la gracia de cada día, a través de la cual hace posible lo imposible.

Una forma de ver nuestros sueños hechos realidad es sencillamente cuando hacemos realidad los sueños de otras personas. Eso me encanta. Me fascina que en nuestro equipo de adoración y arte creativo he tenido el privilegio de hacer que los sueños de otras personas se cumplan. Es mucho trabajo, y representa un gran costo, ya que lograr que varias personas creativas (no solo *personas*, sino *personas creativas*, lo cual es completamente distinto) trabajen juntas en armonía, como una máquina bien aceitada, bajo la unción del Espíritu Santo, tiene su precio. Por eso al cielo le gusta tanto la unidad, porque cuesta. Y cuando comprendemos que todo gira alrededor de Él y de llevar a otros *a* Él, bueno, simplemente no hay palabras para describir ese sentimiento de plenitud.

Nuestros sueños comienzan en el plano invisible, y es allí donde van a ser probados. Las cosas grandes suceden cuando fielmente llevamos a cabo las cosas pequeñas. Y cuando pensamos que estamos caminando bien en las cosas grandes, necesitamos pensar en que las cosas grandes están hechas, ¡de montones de cosas pequeñas! Hay quien piensa que nosotros ya nos graduamos para vivir ahora una vida exitosa, pero yo le digo: "¿Habla en serio? ¡Solo tenemos una cantidad mayor de lo que siempre hemos hecho!".

Otra cosa. Nuestros sueños viven o mueren junto con nuestras palabras. Si sigue diciendo: "No puedo; no va a ser posible; nunca lo lograré; mi familia nunca me dijo que lo podría obtener"..., bueno..., ¿adivina qué? Probablemente no lo logre. Finalmente, tiene que hacer a un lado todo eso y decir: "Con Dios, puedo". Necesita comenzar a decir: "Sí puedo; sí va a ser posible; me encantaría lograrlo; qué honor; qué privilegio". Sométase. ¿Y sabe qué? Cuando la Biblia habla de sometimiento, en realidad no nos pide nuestra opinión (¡Eso duele!). Simplemente dice que sirvamos en la visión de otro. Yo he visto muchos de mis sueños realizados únicamente por servir a otra visión; y mientras mis sueños se cumplen cada vez más, mi desafío es seguir sirviendo en la visión de otra persona. Delante de Dios y de todo el cielo, eso es exactamente lo que Mark y yo planeamos hacer, porque allí es en donde veremos todos nuestros sueños volverse realidad... en la brecha de Dios.

Cuando la Palabra de Dios está en nuestro corazón, nuestros deseos cambian.

Cuando la Palabra de Dios está en nuestro corazón, nuestros deseos cambian. ¡Y yo he deseado cosas bastante locas en mi vida! Alabo a Dios por su sincronización, por su sabiduría y por *proteger* mi corazón inexperto; porque me guarda de mí misma.

Así que, hermanos, os ruego por las misericordias de Dios, que presentéis vuestros cuerpos en sacrificio vivo, santo, agradable a Dios, que es vuestro culto racional. No os conforméis a este siglo, sino transformaos por medio de la renovación de vuestro entendimiento, para que comprobéis cuál sea la buena voluntad de Dios, agradable y perfecta.

Digo, pues, por la gracia que me es dada, a cada cual que está entre vosotros, que no tenga más alto concepto de sí que el que debe tener, sino que piense de sí con cordura, conforme a la medida de fe que Dios repartió a cada uno. Porque de la manera que en un cuerpo tenemos muchos miembros, pero no todos los miembros tienen la misma función, así nosotros, siendo muchos, somos un cuerpo en Cristo, y todos miembros los unos de los otros. De manera que, teniendo diferentes dones, según la gracia que nos es dada, si el de profecía, úsese conforme a la medida de la fe; o si de servicio, en servir; o el que enseña, en la enseñanza; el que exhorta, en la exhortación; el que reparte, con liberalidad; el que preside, con solicitud; el que hace misericordia, con alegría.

ROMANOS 12:1-8

A través de las Escrituras puede aprender a amar el vivir en la brecha de Dios... abrace la brecha de Dios, no luche en su contra... aprenda a amarlo.

Tu aliento de vida me ha sobrecogido
Y ha liberado mi espíritu
Tu amor es inconmensurable
Demasiado profundo para comprenderlo
Vivo en el abrazo del cielo
Y nunca volveré a ser el mismo otra vez

Fragmento del canto "El beso del cielo"

ANHELO SER UNA

    ADORADORA EXTRAVAGANTE (SIN RESERVAS).

QUE DIOS PUEDA DESCUBRIR

    QUE LA CANCIÓN DE MI CORAZÓN

    SEA ELABORADA,

MÁS QUE GENEROSA Y PRÓDIGA

    EN MI BÚSQUEDA DE ÉL.

Darlene Zschech

Dedicado a su adoración

Ocho

DEDICADO A SU ADORACIÓN

Tú solo eres Jehová; tú hiciste los cielos, y los cielos de los cielos, con todo su ejército, la tierra y todo lo que está en ella, los mares y todo lo que hay en ellos; y tú vivificas todas estas cosas, y los ejércitos de los cielos te adoran.
NEHEMÍAS 9:6

Dentro de cada ser humano hay un deseo de adorar! Fuimos creados para amar y ser amados. Ya sea que la persona acabe de conocer a su hermoso Salvador o que haya caminado con el Señor Jesús por un tiempo ya largo, el resultado del glorioso encuentro entre la humanidad y lo divino es adorar. La reacción de usted ante la realidad de la salvación es adorar. La forma en que usted responde a las promesas de la Palabra es adorando. Su respuesta ante la grandeza del Señor es la adoración.

Una vez que conozca, identifique y comprenda lo que la Palabra de Dios promete, su deseo natural será adorar a Dios; adorarlo por quién es Él y por todo lo que hace. Ahora bien, aunque entiendo que *cada* vez que doy una conferencia o *cada* vez que escribo es notorio el compromiso que yo tengo con la adoración, no se lo digo por lo que yo hago, sino porque la verdad es que toda la Biblia es un llamado a adorar; es la convocación a toda la humanidad a consagrarnos a nuestro Creador. Esta es una clave importante para vivir en bendición y gracia.

El meollo de la adoración es levantar una ofrenda desde lo profundo de nuestro corazón.

Me llevé una gran sorpresa cuando comprendí que una de las muchas diferencias entre la música de adoración y otro tipo de música es que la adoración es *incluyente, no excluyente.* La música de adoración incluye a cada hombre, mujer y niño. El meollo de la adoración es levantar una ofrenda desde lo profundo de nuestro corazón, que elevemos la voz y dejemos salir lo que tenemos para dar. La adoración permite que cualquiera venga como es y que participe. ¡Es tan fragante, tan pura, tan hermosa! Por otro lado, la música fue creada para llevar, capturar y comunicar la presencia de Dios, pero a través de las generaciones ha sido quitada de las manos de la gente, y dada *exclusivamente* a los que son en extremo talentosos, hábiles, hermosos, jóvenes y brillantes (claro, sin mencionar a los que sin todas esas cualidades han terminado dentro de ese grupo sin que medie explicación alguna). En la actualidad, solo se les permite a unos cuántos cantar y disfrutar de contribuir personalmente con la expresión musical que hay en el planeta.

Dios nos creó para disfrutar del compañerismo con Él. Nos formó y amorosamente nos moldeó a su propia imagen. Nos llama: hijos amados. Somos su amada familia y los herederos de toda la bondad de su provisión. Esa sola verdad debería llenarnos del deseo de adorarlo, por el grande y extraordinario amor que demuestra hacia los suyos.

Cuando Dios envió a Moisés a liberar a los hijos de Israel de la opresión de la esclavitud, le pidió que le dijera a Faraón: "Jehová ha dicho así: Israel es mi hijo, mi primogénito. Ya te he dicho que dejes ir a mi hijo, para que me sirva, mas no has querido dejarlo ir; he aquí yo voy a matar a tu hijo, tu primogénito" (Éxodo 4:22-23). Él no dijo: "Para que mi pueblo pueda ir a trabajar para mí". Lo que quería era que sus hijos fueran libres para que pudieran pasar tiempo en su presencia, adorándolo. Toda la labor de Dios va encaminada a conectarnos: Él con nosotros y nosotros con Él.

Cuando le expresamos nuestra devoción, obediencia, alabanza y acciones de gracias en adoración, la realidad de su presencia nos quita el aliento; es abrumadoramente gloriosa. Sé que es difícil de comprender el gran amor que Dios siente por nosotros. Sin embargo, cuando lo adoramos por lo poco que entendemos, su amor se enfoca en nosotros de tal manera, que a menudo percibo a los ejércitos celestiales reunidos en un devoto coro, al tiempo que el rostro de Dios resplandece sobre nosotros.

Al adorar, a menudo descubro que mis preocupaciones del día simplemente se derriten a la luz de su gloria y de su gracia. Sea honesto delante de Él cuando lo adore, y Él *siempre* va a ser fiel para responderle a usted.

Al adorar, a menudo descubro que mis preocupaciones del día simplemente se derriten a la luz de su gloria y de su gracia.

La presencia de Dios es un gran nivelador. Imagínese: Nos sentimos débiles, en uno de esos días oscuros, llenos de argumentos y razones por los cuales no podemos hacer algo; pero decidimos adorar. Y en adoración, en un momento nos volvemos a levantar, al percatarnos de su magnífica presencia. Amor divino, limitado solo por nuestra percepción, no por la Suya.

El noveno capítulo de Nehemías registra las muchas obras de Dios que los hijos de Israel recordaron cuando adoraron al Señor. Le animo a que lea todo el capítulo, pero veamos lo que dice el versículo seis: "Tú solo eres Jehová; tú hiciste los cielos, y los cielos de los cielos, con todo su ejército, la tierra y todo lo que está en ella, los mares y todo lo que hay en ellos; y tú vivificas todas estas cosas, y los ejércitos de los cielos te adoran".

En su tiempo de adoración, los israelitas le dieron gracias por todo lo que ellos entendían de Dios y por todas las promesas que Él había cumplido a través del pacto que hizo con Abraham. Recordaron que envió señales milagrosas y maravillas contra Faraón y dividió el mar delante de ellos para que pudieran escapar del ejército de Faraón. Se acordaron que los guiaba con una columna de nube de día y una columna de fuego en la noche. Que les dio leyes justas y los alimentó de pan del cielo y agua de la roca. Que incluso cuando fueron infieles, Dios fue perdonador, compasivo, lento para la ira y grande en misericordia. Recordaron que nunca los había abandonado, ni siquiera cuando hicieron un ídolo y cometieron grandes abominaciones. Meditaron en lo paciente que había sido Dios con ellos y cómo había enviado profetas para advertirlos y dirigirlos. Y que en su gran misericordia nunca los destruyó ni los abandonó, porque Él es Dios misericordioso y lleno de gracia.

Jesús dijo: "Mas la hora viene, y ahora es, cuando los verdaderos adoradores adorarán al Padre en espíritu y en verdad; porque también el Padre tales adoradores busca que le adoren. Dios es Espíritu; y los que le adoran, en espíritu y en verdad es necesario que adoren" (Juan 4:23-24). No es difícil entender por qué Dios quiere que lo adoremos en espíritu y verdad: porque nuestro espíritu solo puede estar completo cuando se encuentra en una relación íntima con Cristo y con la reinante verdad de Jesús. Una vez que conocemos la verdad, somos libres, literalmente. ¡Libres para alabar, libres para amar y ser amados, libres para vivir! Adorar a Dios en verdad, nos mantiene conscientes de su asombroso amor por nosotros.

David describe majestuosamente por qué el Señor es digno de nuestra adoración:

> *Cantad alegres a Dios, habitantes de toda la tierra.*
> *Servid a Jehová con alegría;*
> *Venid ante su presencia con regocijo.*
> *Reconoced que Jehová es Dios;*
> *Él nos hizo, y no nosotros a nosotros mismos;*
> *Pueblo suyo somos, y ovejas de su prado.*
> *Entrad por sus puertas con acción de gracias,*
> *Por sus atrios con alabanza;*
> *Alabadle, bendecid su nombre.*
> *Porque Jehová es bueno; para siempre es su misericordia,*
> *Y su verdad por todas las generaciones.*
> SALMO 100:1-5

La adoración trae cambios y hace libre a la gente

A través de cantar y alabar amorosamente a mi Padre y a mi Salvador fue que Dios renovó mi corazón. Mi ser interior revivió ante su voz en los momentos de adoración, y la realidad de que mi vida no era mía, se convirtió en gozo; incluso en alivio. ¡Había estado tan ocupada trabajando para Dios, con la necesidad de hacer algo para Él! La mía era la típica respuesta de alguien con una baja auto-estima. Pero Él me ha asegurado continuamente, durante esa atmósfera de alabanza, que lo primero que Él quiere de mí es un corazón agradecido. Al invertir tiempo con el Señor y a través de desarrollar una relación con Él, mi mente ha sido renovada poco a poco, hasta comprender que su costoso amor es dado libremente. Entre más lo entiendo, más libre soy para servir, obedecer y adorar a mi Señor.

Si en el momento en que alabamos a Dios pudiéramos ver en el plano sobrenatural, creo que nos sorprendería saber cuánto está siendo desafiado y cambiado en el mundo natural a través de nuestros actos de adoración. La Palabra declara que Dios habita en las alabanzas de su pueblo, y que donde Dios mora, no hay tinieblas: "Este es el mensaje que hemos oído de él, y os anunciamos: Dios es luz, y no hay ningunas tinieblas en él" (1 Juan 1:5). Eso quiere decir que si se eleva una alabanza genuina, entonces cualquier presencia maligna debe huir.

Mis ojos fueron abiertos a través de la salvación. En aquel entonces me asombré cuando vi por primera vez a los creyentes alabando a Dios colectivamente. Antes había visto cantar a los cristianos, pero una vez que fui salva, nunca volví a escuchar la música de la misma manera. No lo entendí sino hasta mucho después en el transcurso de mi vida, pero en mis primeros años de alabar a Dios con otros creyentes, comencé a entender y a valorar las dinámicas de la adoración colectiva. Hay un poder tremendo en reunirnos y gritar alabanzas a Él en unidad; es indescriptible.

Los depósitos de egoísmo y las impurezas de nuestro corazón son confrontados cuando adoramos a Dios. Entre más nos encontramos con Dios, menos espacio hay para las ansiedades debidas a nuestras propias necesidades e imperfecciones. Entre menos preocupados estemos de nosotros mismos, más percibimos su asombrosa presencia. *Siempre* estoy consciente del favor divino cuando adoro. Cada vez que decido levantar mis manos y declarar su majestad, se reúne conmigo; y lo vuelvo a encontrar.

La adoración suaviza el corazón

Una vez, vi un documental que hablaba de los niños que hoy en día están sufriendo. Se trataba principalmente del divorcio y de la gran resistencia interna que los niños desarrollan a través de sobrevivir al quebrantamiento, a una edad tan tierna. Este programa en particular los calificaba como "niños sin pulso cardiaco". Y es que suceden tantas cosas en sus preciosos corazones, mucho más de lo que pueden sobrellevar, que sus pequeños corazones se vuelven duros e insensibles. ¡Incluso en el documental se preguntaban si la razón por la cual esta generación necesita las experiencias y los deportes extremos, es porque estos muchachos necesitan vivir la vida al extremo para provocar que su corazón vuelva a sentir! Interesante.

El amor siempre es un riesgo. Nuestros corazones solo pueden manejar cierto sufrimiento antes de que se instaure un mecanismo de supervivencia, el de levantar paredes alrededor de nuestros sentimientos y desarrollar una dureza de corazón. Lamentablemente, esta dureza no solo evita que el corazón sea lastimado; también produce grandes complicaciones cuando se trata de dar o recibir sacrificadamente cualquier emoción... incluido el amor.

Mientras veía este documental, el Espíritu de Dios me habló acerca de la constante necesidad de alcanzar a los jóvenes y establecer el cántico del Señor firmemente en sus vidas. Sé lo fácil que es desarrollar un corazón duro a una temprana edad, y también sé lo paciente que nuestro hermoso Señor es mientras caminamos con Él; cómo desenreda y suaviza nuevamente nuestro corazón para que podamos estar abiertos para recibir su amor.

Gracias a la adoración, las pesadas murallas de protección que había levantado alrededor de mi corazón fueron removidas. Mi corazón de piedra se convirtió en un corazón de carne. ¡Es un enorme milagro!

*No adoramos para sentirnos bien;
la adoración declara el poder de Dios,
que reina en nuestras vidas.*

La adoración le enseña a nuestro corazón, joven o viejo, que hay una respuesta para aliviar el dolor. ¡Hay otra manera de vivir: correr hacia el Padre para inclinarnos delante de Él con adoración y alabanza!

La adoración cambia la atmósfera

El canto de alabanza y adoración es activo, no pasivo. Es una decisión que se hace con el corazón, con la mente y con la voluntad, para entrar por sus puertas a la presencia de Dios. No adoramos para sentirnos bien; la adoración declara el poder de Dios, que reina en nuestras vidas.

Eso lo confirma 2 Crónicas 5:12-14, al mencionar cuando todos los levitas con instrumentos de música se pusieron de pie junto al altar y tocaron címbalos, arpas y liras, mientras ciento veinte sacerdotes sonaban trompetas al unísono. Al sonar de las trompetas cantaban "todos a una [...] y alababan a Jehová, diciendo: Porque él es bueno, porque su misericordia es para siempre; entonces la casa se llenó de una nube, la casa de Jehová. Y no podían los sacerdotes estar allí para ministrar, por causa de la nube; porque la gloria de Jehová había llenado la casa de Dios". Es una ilustración hermosa de cómo se le da la bienvenida a la presencia de Dios a través de la alabanza.

Nuestras reuniones colectivas de adoración comienzan con alabanza, porque la Palabra nos dice: "Entrad por sus puertas con cción de gracias, por sus atrios con alabanza" (Salmo 100:4). La palabra *alabanza* en hebreo es *tehillah*, y es una exaltación; específicamente (concretamente) un himno. Se deriva de la palabra hebrea *halal*, que significa: "Brillar; por lo tanto, hacer un espectáculo, presumir; y por lo tanto ser (clamorosamente) ridículo; gritar; por consecuencia, celebrar; también decir incoherencias". (¡Qué palabra tan increíble!).

Todos, sin importar su tipo de personalidad, desde los reservados hasta los extrovertidos, pueden disfrutar del acto de la alabanza.

Una llamada a alabar es una oportunidad para presumir al Señor, celebrarlo, ensalzarlo y darle gloria. Todos, sin importar su tipo de personalidad, desde los reservados hasta los extrovertidos, pueden disfrutar del acto de la alabanza.

La alabanza llena la casa de alegría. La alabanza trae el dominio del cielo a la tierra. Santiago 5:13 dice: "¿Está alguno alegre? Cante alabanzas". Las personas sin Dios necesitan escuchar las alabanzas del pueblo de Dios. Alabanzas en casa; alabanzas en el coche; haga de ello un hábito de por vida.

La Biblia relata la caída de Lucifer:

¡Cómo caíste del cielo, oh Lucero, hijo de la mañana! Cortado fuiste por tierra, tú que debilitabas a las naciones. Tú que decías en tu corazón: Subiré al cielo; en lo alto, junto a las estrellas de Dios, levantaré mi trono, y en el monte del testimonio me sentaré, a los lados del norte; sobre las alturas de las nubes subiré, y seré semejante al

Altísimo. Mas tú derribado eres hasta el Seol, a los lados del abismo.
ISAÍAS 14:12-15

Lo describe como el lucero de la mañana y dice que quiso ser más alto que el Altísimo. La atmósfera del cielo es adoración, y Lucifer era el supervisor de la adoración. La soberbia comenzó a hacer su horrendo trabajo, y Lucifer y sus amigos fueron echados fuera de la presencia del Todopoderoso.

Pero piénselo. Lucifer, que era el que estaba a cargo de la atmósfera, nuevamente ha tratado de dominar la atmósfera, ahora la de la tierra, trayendo desaliento y dolor de corazón, reinando en temor directamente desde el pozo del infierno. No es de sorprender que en Isaías diga: "He aquí que Jehová hizo oír hasta lo último de la tierra: Decid a la hija de Sion: He aquí viene tu Salvador; he aquí su recompensa con él, y delante de él su obra. Y les llamarán Pueblo Santo, Redimidos de Jehová; y a ti te llamarán Ciudad Deseada, no desamparada" (Isaías 62:11-12). ¡Así va a ser; así va a ser! La atmósfera prevaleciente, tanto de la tierra como del cielo, debe ser el Reino de Dios. *¡Usted debe tomar el lugar que le corresponde, tome su lugar y levántese y declare que nuestro Dios es grande, y digno de ser alabado en grande!* Por eso debemos entender que se nos ha dado esta misión y mandato, de ser líderes en la tierra, hoy... ¡no como líderes de adoración, sino todos como adoradores líderes!

La presencia de Dios está aquí. ¿Sabe? Sin embargo, a veces decimos cosas como: "Nos vamos a juntar para adorar a Dios, y vamos a gritar..., y entonces Dios va a venir". Pero Dios ya vino y todavía está aquí. Dios nos ama; y permanece aquí, le guste a usted o no. La presencia de Dios está entre nosotros ahora que hemos nacido del Espíritu. Así que a dondequiera que vayamos Dios va con nosotros; no nos podemos escapar. El Salmo 139:7 dice: "¿A dónde me iré de tu Espíritu? ¿Y a dónde huiré de tu presencia?". David se siente abrumado por la omnipresencia de Dios

"Si subiere a los cielos, allí estás tú; y si en el Seol hiciere mi estrado, he aquí, allí tú estás. Si tomare las alas del alba y habitare en el extremo del mar, aun allí me guiará tu mano, y me asirá tu diestra" (Salmo 139:8-10). Dios está aquí, incluso cuando ni siquiera usted está consciente de ello. Dios está obrando sobre toda la tierra hoy.

Nuestro mundo necesita a Jesús,

y nuestro mundo necesita alegría.

Hay que permitir que la alabanza cambie la atmósfera de nuestra vida, de nuestro hogar y de nuestra congregación. La alabanza establece gozo en medio del pueblo de Dios. El gozo puede ser la característica emocional de cada cristiano. Nehemías 8:10 dice: "El gozo de Jehová es vuestra fuerza".

Nuestro mundo necesita a Jesús, y nuestro mundo necesita alegría. Nuestros hogares y congregaciones deberían estar llenos de gozo inefable y de su gloria. En lugar de la media luz de la gloria del mundo, debemos demostrar el gozo que solo Jesús puede traer: gozo contagioso, genuino, que cambia el ambiente.

Como citamos anteriormente: "Aclamad a Dios con alegría, toda la tierra. Cantad la gloria de su nombre; poned gloria en su alabanza. Decid a Dios: ¡Cuán asombrosas son tus obras! Por la grandeza de tu poder se someterán a ti tus enemigos. Toda la tierra te adorará, y cantará a ti; cantarán a tu nombre. *Selah*" (Salmo 66:1-4). Deténgase y piense en esto. La Palabra ordena que mientras clamamos de gozo al Señor, toda la tierra le adore y le cante a Él.

Jesús fue levantado de la tierra en una cruz para que pudiera atraer a los hombres a sí mismo. Cuando alabamos su nombre y nos gloriamos de su bondad junto con otros, les señalamos la cruz a los incrédulos, que es donde Jesús puede satisfacer las necesidades de ellos también.

En nuestro amor hacia Dios no debemos tener reservas incluso debemos ser como yo siempre digo: *extravagantes para amarlo* (énfasis de la editora). Yo no puedo evitar expresar de forma *extravagante (sin reservas)* mi pasión por la adoración Antes, solía preocuparme por lo que otros pensaban acerca de mi método para dirigir la adoración. Pero, gracias a Dios, estoy más comprometida con la verdad que con el estilo.

En la adoración nuestras ansiedades son sustituidas sobrenaturalmente por la provisión de salud que Dios nos da para nuestro cuerpo y huesos. "No seas sabio en tu propia opinión; teme a Jehová, y apártate del mal; porque será medicina a tu cuerpo, y refrigerio para tus huesos" (Proverbios 3:7-8).

No debemos tener reservas en nuestra adoración, debemos ser *extravagantes para adorarlo*, porque el Padre nunca escatima nada cuando se trata de nosotros. Él anhela nuestro corazón de adoradores. A menudo siento que Dios está sonriendo cuando venimos delante de Él en adoración. No hay nada más dulce que sentir que el Espíritu Santo se posa sobre nosotros como lluvia suave mientras nuestro corazón danza delante del Señor.

"Por Jehová son ordenados los pasos
del hombre,
Y él aprueba su camino.
Cuando el hombre cayere,
no quedará postrado,
Porque Jehová sostiene su mano."

Salmo 37:23-24

Dedicado a sus caminos

Nueve

DEDICADO A SUS CAMINOS

El ayer ya se fue. El mañana todavía no llega. Sólo tenemos el hoy. ¡Comencemos!

MADRE TERESA

El mayor privilegio de mi vida es caminar con Jesús; nunca estoy sola, permanezco en Él y aprendo a descansar a la sombra de sus alas. ¡Me encanta trotar, hacer ejercicio y recordar la bondad de Dios al recorrer los alrededores, mientras "camino en Él"! Parte de nuestro diseño es caminar, tanto en lo natural como en lo espiritual; es entregarnos al siguiente paso, el cual nos va a llevar a donde necesitamos ir.

Realmente es fantástico cantar canciones magníficas acerca del Señor, pero no es suficiente. La verdadera adoración es un estilo de vida cotidiano que honra a Dios. Vivir reflejando su carácter a otros, es caminar un paso más hacia alcanzar los sueños que Dios nos ha dado.

Jesús nos enseñó mucho cuando exclamó: "Hipócritas, bien profetizó de vosotros Isaías, como está escrito: Este pueblo de labios me honra, mas su corazón está lejos de mí. Pues en vano me honran, enseñando como doctrinas mandamientos de hombres" (Marcos 7:6-7). Salomón, el hombre más sabio que jamás existió, declaró: "Aunque el pecador haga mal cien veces, y prolongue sus días, con todo yo también sé que les irá bien a los que a Dios temen, los que temen ante su presencia" (Eclesiastés 8:12).

Realmente es fantástico cantar canciones magníficas acerca del Señor, pero no es suficiente. La verdadera adoración es un estilo de vida cotidiano que honra a Dios.

¿Cuántas veces, al escuchar un gran mensaje o al leer una de esas Escrituras sorprendentes, pensó usted en ese momento: *Eso es para mí; voy a cambiar,* pero después no hizo nada al respecto?

> *Porque si alguno es oidor de la palabra pero no hacedor de ella, éste es semejante al hombre que considera en un espejo su rostro natural. Porque él se considera a sí mismo, y se va, y luego olvida cómo era. Mas el que mira atentamente en la perfecta ley, la de la libertad, y persevera en ella, no siendo oidor olvidadizo, sino hacedor de la obra, éste será bienaventurado en lo que hace.*
> SANTIAGO 1:23-25

Lo primero que Dios hace, es realizar una obra profunda en nuestro corazón. Nosotros, en respuesta, nos debemos ofrecer a Dios "como instrumentos de justicia" para servir en la Gran Comisión de hablar de Jesús con otros.

"[...] ni tampoco presentéis vuestros miembros al pecado como instrumentos de iniquidad, sino presentaos vosotros mismos a Dios como vivos de entre los muertos, y vuestros miembros a Dios como instrumentos de justicia" (Romanos 6:13). Jesús dijo, refiriéndose al Padre y a los demás: "Y el amarle con todo el corazón, con todo el entendimiento, con toda el alma, y con todas las fuerzas, y amar al prójimo como a uno mismo, es más que todos los holocaustos y sacrificios" (Marcos 12:33).

La versión de la Biblia en inglés *The Message (El Mensaje)* explica de una manera soberbia lo que Dios quiere de nosotros:

> *Así que esto es lo que quiero que hagan con la ayuda de Dios: Tomen su vida diaria y ordinaria (su dormir, su comer, su ir al trabajo y su entretenimiento) y póngalo delante de Dios como una ofrenda. Lo mejor que ustedes pueden hacer para Dios es abrazar lo que Él hace por ustedes. Así que no se ajusten a su cultura de tal forma que embonen en ella sin siquiera pensarlo. En lugar de eso, fijen su atención en Dios. Eso los va a cambiar de dentro hacia fuera. Estén listos para reconocer lo que Él quiere de ustedes, y respondan rápidamente a ello. A diferencia de la cultura que los rodea, que siempre los está arrastrando a su nivel de inmadurez, Dios saca lo mejor de ustedes y desarrolla una madurez bien formada en ustedes.*
> ROMANOS 12:1-2
> *[Traducción del inglés]*

La Palabra nos enseña que debemos renovar nuestra mente y adecuarla a la manera de pensar de Dios; y lo podemos hacer, si no olvidamos su continua presencia en nosotros, y si tratamos de escuchar su voz y de adorarle con nuestra obediencia. Permanecer conscientes de su presencia cambiará la manera en la que tratamos a nuestro cónyuge, a nuestros amigos y a nuestros compañeros de trabajo. Caminar con Dios es caminar paso a paso, bien, fielmente, en nuestros propios zapatos, en lo llamado "mundano"; porque si la gracia de Dios estuviera reservada para ciertos momentos especiales, entonces solo representaría un puñado de días en toda una vida. Estar conscientes de la presencia de Dios nos hace responder con su amor cuando estamos en el mercado, en el patio de la escuela, o donde quiera que nos encontremos.

Estar conscientes de la presencia de Dios nos hace responder con su amor cuando estamos en el mercado, en el patio de la escuela, o donde quiera que nos encontremos.

En la Palabra se enumeran siete cosas que Dios aborrece.

> *Seis cosas aborrece Jehová,*
> *Y aun siete abomina su alma:*
> *Los ojos altivos, la lengua mentirosa,*
> *Las manos derramadoras de sangre inocente,*
> *El corazón que maquina pensamientos inicuos,*
> *Los pies presurosos para correr al mal,*
> *El testigo falso que habla mentiras,*
> *Y el que siembra discordia entre hermanos.*
> PROVERBIOS 6:16-19

Todas ellas se relacionan con la manera en que tratamos a la gente que se encuentra a nuestro alrededor. Dios aborrece la soberbia, las mentiras, los homicidios, las maquinaciones infames, las metas malvadas, la calumnia y a los que provocan problemas.

El genuino amor hacia los demás es más importante para Dios que cualquier sacrificio de adoración que podamos ofrecerle. Todo lo que nos pide es "hacer justicia, y amar misericordia, y humillarte ante tu Dios" (Miqueas 6:8). Vivir nuestra fe es, simplemente, estar listo para reaccionar con justicia, para demostrar amabilidad y estima por los demás de parte del Señor.

Con prontitud imite la humildad de Cristo. La Palabra dice: "Recibid con mansedumbre [con humildad, con modestia] la palabra implantada, la cual puede salvar vuestras almas" (Santiago 1:21, corchetes de la autora). La mayoría de las personas que están viviendo vidas extraordinarias son solo personas ordinarias que continuamente (cada día, y algunas veces cada minuto), con humildad, escogen caminar bien, en la voluntad de Dios. Usted siempre reconocerá la vida de un hombre humilde, ya que la gracia que Dios derrama sobre él es abundante. La gracia de Dios brilla sobre aquellos que obedecen la orden de: "Andad en el Espíritu" (Gálatas 5:16).

Si realmente caminamos con Dios, el fruto del Espíritu Santo debe ser evidente en nuestras relaciones con otros. Cuando el amor, el gozo, la paz, la paciencia, la bondad, la benignidad, la fe, la mansedumbre y el dominio propio emanen de nuestro corazón, nos habremos vuelto sacrificios vivos para el Señor. Responder ante las pruebas con estas virtudes agrada al Señor.

> *Si vivimos por el Espíritu, andemos también por el Espíritu. No nos hagamos vanagloriosos, irritándonos unos a otros, envidiándonos unos a otros.*
> GÁLATAS 5:25-26

El Espíritu Santo se ofrece como nuestro guía y nuestro compañero. Juan 14:26 dice: "Mas el Consolador, el Espíritu Santo, a quien el Padre enviará en mi nombre, él os enseñará todas las cosas, y os recordará todo lo que yo os he dicho".

Entre más conozcamos la Palabra de Dios, el Espíritu Santo podrá usar más la verdad de Dios para dirigirnos en nuestro diario caminar.

Entre más conozcamos la Palabra de Dios, el Espíritu Santo podrá usar más la verdad de Dios para dirigirnos en nuestro diario caminar. Dios le hizo promesas poderosas a su pueblo si caminaba en sus caminos. Él le dijo:

> *Si anduviereis en mis decretos y guardareis mis mandamientos, y los pusiereis por obra, yo daré vuestra lluvia en su tiempo, y la tierra rendirá sus productos, y el árbol del campo dará su fruto. Vuestra trilla alcanzará a la vendimia, y la vendimia alcanzará a la sementera, y comeréis vuestro pan hasta saciaros, y habitaréis seguros en vuestra tierra. Y yo daré paz en la tierra, y dormiréis, y no habrá quien os espante; y haré quitar de vuestra tierra las malas bestias, y la espada no pasará por vuestro país.*
>
> LEVÍTICO 26:3-6

La obediencia es una decisión del corazón

En tiempos bíblicos, caminar era uno de los principales medios de transporte. ¡Si usted caminaba bien, llegaba más lejos! *Selah*. Camine bien y llegue más lejos. A mí me suena bien (¡y al mismo tiempo saludable!). Cuando era una nueva creyente, pensaba que la obediencia significaba seguir las leyes y las reglas de la Iglesia, así que eso hacía; pero lo hacía más por mi necesidad de agradar que por mi anhelo de bendecir el corazón de Dios.

Bajo el pacto del Antiguo Testamento, la desobediencia a la Ley finalmente llevaba a que alguien fuera apedreado hasta la muerte. ¡La gente que no se sometía a la autoridad moría! Probablemente la obediencia era más fácil entonces, ya que, cuando uno consideraba: *¿Vida o muerte dolorosa?*, concluía: *¡Con gusto obedeceré!*

Pero en esta nueva vida en Cristo, otra vez, la obediencia es un asunto que tiene que ver con el corazón. No es una decisión basada en hechos; es una decisión basada en fe. Obedecemos al Señor porque confiamos en Él, sin importar lo que veamos. Aprendemos a no usar nuestros ojos naturales, sino a ver lo que Él nos pide a través de los ojos del Espíritu Santo.

Charles Swindoll dijo: "La prueba máxima de tu amor al Señor es la obediencia; nada más y nada menos".

La obediencia que soporta hasta el final es aquella en la cual ponemos nuestra voluntad para seguir a Dios. Recuerde que para obtener gracia para continuar por este camino necesitamos de perseverancia y resistencia, *¡no de perfección!* ¡Aleluya!

Cuando Jesús juntó a sus discípulos, les dijo que el mundo lo odiaba a Él, y que como consecuencia el mundo también los odiaba a ellos. Se los dijo para que no se desanimaran si eran perseguidos por demostrar su amor y salvación a los que los rodeaban. Jesús dijo que si alguien lo golpea a usted en una mejilla, debe poner también la otra; que perdone a sus enemigos y haga bien a los que lo persiguen.

Oísteis que fue dicho: Ojo por ojo, y diente por diente. Pero yo os digo: No resistáis al que es malo; antes, a cualquiera que te hiera en la mejilla derecha, vuélvele también la otra; y al que quiera ponerte a pleito y quitarte la túnica, déjale también la capa; y a cualquiera que te obligue a llevar carga por una milla, ve con él dos. Al que te pida, dale; y al que quiera tomar de ti prestado, no se lo rehúses. Oísteis que fue dicho: Amarás a tu prójimo, y aborrecerás a tu enemigo. Pero yo os digo: Amad a vuestros enemigos, bendecid a los que os maldicen, haced bien a los que os aborrecen, y orad por los que os ultrajan y os persiguen; para que seáis hijos de vuestro Padre que está en los cielos, que hace salir su sol sobre malos y buenos, y que hace llover sobre justos e injustos. Porque si amáis a los que os aman, ¿qué recompensa tendréis? ¿No hacen también lo mismo los publicanos? Y si saludáis a vuestros hermanos solamente, ¿qué hacéis de más? ¿No hacen también así los gentiles?

Mateo 5:38-47

¿Que qué? Sí, este tipo de obediencia no es para cobardes. El amor obediente necesita la calidez del amor maternal junto con la determinación de un guerrero. Necesitamos saber cómo *adorar* y cómo *pelear;* fortalecidos en amor gracias a que entendemos cuánto nos ama Él.

El amor obediente necesita la calidez del amor maternal junto con la determinación de un guerrero.

En nuestras debilidades, Él muestra su mayor poder. Dios responde a lo máximo cuando estoy en mi punto más bajo.

Dos mujeres que sirvieron a Jesús

Todo creyente conoce bien la historia de Marta y María, y cómo ambas querían servir a Jesús.

Aconteció que yendo de camino, entró en una aldea; y una mujer llamada Marta le recibió en su casa. Esta tenía una hermana que se llamaba María, la cual, sentándose a los pies de Jesús, oía su palabra. Pero Marta se preocupaba con muchos quehaceres, y acercándose, dijo: Señor, ¿no te da cuidado que mi hermana me deje servir sola? Dile, pues, que me ayude. Respondiendo Jesús, le dijo: Marta, Marta, afanada y turbada estás con muchas cosas. Pero sólo una cosa es necesaria; y María ha escogido la buena parte, la cual no le será quitada.

Lucas 10:38-42

Marta sirvió a Jesús a través de una obra de la carne; María lo sirvió a través de una obra de su corazón.

Cuando Jesús y sus discípulos llegaron a su aldea, Marta lo sirvió pensando en lo que Él *necesitaba*, pues estaba demasiado ocupada como para preguntarle qué era lo que Él *quería*. Y para servirlo, tomó una decisión basada en hechos: su razonamiento fue que los inesperados invitados necesitaban comida. Pero pronto, la sobrecargada de trabajo y ansiosa Marta, necesitaba ayuda. Así que finalmente llegó con Jesús y le dijo: "Señor, ¿no te da cuidado que mi hermana me deje servir sola? Dile, pues, que me ayude. Respondiendo Jesús, le dijo: Marta, Marta, afanada y turbada estás con muchas cosas. Pero solo una cosa es necesaria; y María ha escogido la buena parte, la cual no le será quitada" (Lucas 10:40-42). Marta no sabía que si ella hubiera dedicado todo su corazón a Jesús, Él hubiera alimentado a todos sus invitados con una sola pieza de pan y hubiera dejado suficientes sobras para varios días.

En cambio María, quien también estaba pronta para servirlo, no *hizo* nada *visiblemente*, pero la necesidad que tenía en su corazón la llevó a los pies de su Señor. Su acto de obediente consagración ha ministrado a cada generación que ha vivido en los dos mil años después de ese determinante día.

María quizá no entendió en toda su vida el alcance que tendría su decisión, cuando escogió buscar a Dios por el precio de dejar sus obras a un lado. En ese momento, el caminar de Marta parecía *trabajo*, mientras que el caminar de María parecía *consagración*.

Cuando Dios recompensa un corazón consagrado a Él, derrama su gracia más allá de lo que podemos imaginar.

Cuando Dios recompensa un corazón consagrado a Él, derrama su gracia más allá de lo que podemos imaginar. Una vez que usted camine y viva en el poder de su tangible presencia, cualquier otra cosa que no sea vivir en Él, ni siquiera se acercará a producirle satisfacción.

No necesitas tener un título
universitario para servir.
No necesitas hacer concordar tu
sujeto con tu verbo para servir.
No necesitas saber acerca
de Platón o de Aristóteles para servir.
No necesitas conocer la teoría de
la relatividad de Einstein para servir.
Sólo necesitas un corazón lleno
de gracia y un alma movida por el
amor.
Y tú puedes ser ese siervo.

Martin Luther King Jr.

Dedicado a su obra

Diez

DEDICADO A SU OBRA

Dios tiene trabajo para los creyentes en cada aspecto de la vida. Todos somos miembros del Cuerpo de Cristo, y aunque hemos sido llamados a diferentes profesiones y posiciones, todos tenemos la misma comisión: "Id por todo el mundo y predicad el evangelio a toda criatura" (Marcos 16:15).

Dios tiene un trabajo para los científicos y para los matemáticos que los llena de satisfacción. Tiene responsabilidades para los poetas y los músicos, para arquitectos, escultores, pilotos, pintores y administradores. Los atletas han sido llamados a la obra de Dios, lo mismo que los bailarines, los cirujanos, las madres, los padres, los maestros y los actores. De esto podemos estar seguros: Dios tiene algo maravilloso que le gustaría hacer a través de cada uno de nosotros para traer esperanza a la condición humana.

Debemos ser *hacedores* de la Palabra.

Y él os dio vida a vosotros, cuando estabais muertos en vuestros delitos y pecados, en los cuales anduvisteis en otro tiempo, siguiendo la corriente de este mundo, conforme al príncipe de la potestad del aire, el espíritu que ahora opera en los hijos de desobediencia, entre los cuales también todos nosotros vivimos en otro tiempo en los deseos de nuestra carne, haciendo la voluntad de la carne y de los pensamientos, y éramos por naturaleza hijos de ira, lo mismo que los demás. Pero Dios, que es rico en misericordia, por su gran amor con que nos amó, aun estando nosotros muertos en pecados, nos dio vida juntamente con Cristo (por gracia sois salvos), y juntamente con él nos resucitó, y asimismo nos hizo sentar en los lugares celestiales con Cristo Jesús, para mostrar en los siglos venideros las abundantes riquezas de su gracia en su bondad para con nosotros en Cristo Jesús.

EFESIOS 2:1-7

La Palabra nos enseña que estábamos muertos en nuestras transgresiones y que teníamos el hábito de caminar en nuestros pecados, siguiendo los caminos del mundo. Pero Dios, que es rico en misericordia, nos amó y nos dio vida juntamente con Cristo.

La buenas obras no salvan, pero claramente hemos sido "creados en Cristo Jesús para buenas obras, las cuales Dios preparó de antemano para que anduviésemos en ellas" (Efesios 2:10). Creo que amar a Dios con *todo* el corazón es recibir fe a través de su Palabra, es expresar relación y amistad con Él a través de la adoración, es recibir su gracia inmerecida al caminar por la vida, y es llevar a cabo la obra que hemos sido llamados a hacer a través de testificar de su amor íntimo y sorprendente.

Dios tiene algo maravilloso que le gustaría hacer a través de cada uno de nosotros para traer esperanza a la condición humana.

Todos tenemos un lugar en el Cuerpo de Cristo

También creo que debemos ofrecer nuestros dones y talentos para apoyar al Cuerpo local de creyentes, de tal forma que podamos contribuir con nuestros dones individuales, con el propósito de servir en necesidades colectivas que son mayores que nosotros mismos. Dios nos diseñó con una necesidad por los demás. Él dijo que no era bueno que el hombre estuviera solo. "Y dijo Jehová Dios: No es bueno que el hombre esté solo; le haré ayuda idónea para él" (Génesis 2:18).

Muchas veces escucho a la gente decir: "¿Pero, por qué necesito ir a la iglesia? Dios me puede enseñar en mi casa. Me puede sanar estando en mi casa. Puede satisfacer mis necesidades sin importar donde esté yo". Eso es verdad, Él puede, pero también nos anima a *nunca* dejar de congregarnos con los santos, edificándonos unos a otros en la santísima fe. Hebreos 10:24-25 dice: "Y considerémonos unos a otros para estimularnos al amor y a las buenas obras; no dejando de congregarnos, como algunos tienen por costumbre, sino exhortándonos; y tanto más, cuanto veis que aquel día se acerca".

Si usted se está quedando fuera de disfrutar verdaderamente y de experimentar la comunión y la realidad de la presencia de Dios, si solo lo está viendo funcionar en otros, sus emociones pueden ir y venir fácilmente entre la duda y el deseo. Es fácil ver a la gente adorando a Dios, comprometidos en la casa de Dios, y cuestionar la validez de su experiencia al preguntarse si no son simplemente personas "sobreemocionales". Pero una vez que usted decida darle *todo* su corazón y *todos* sus pensamientos al Señor, se va a dar cuenta de que no hay ninguna vergüenza en alabar, amar y servir a Dios en presencia de otros, sino todo lo contrario.

Y a cambio, Jesús prometió: "A cualquiera, pues, que me confiese delante de los hombres, yo también le confesaré delante de mi Padre que está en los cielos" (Mateo 10:32). Probablemente por eso las ataduras de las personas son rotas con tanta facilidad cuando adoran a Dios en compañía de otros creyentes.

Algunas veces la presencia de Dios es tan fuerte en los servicios colectivos de adoración que apenas puedo permanecer de pie. Una vez que usted haya experimentado ese poder, nunca va a querer regresar a las vanas obras de la carne. Usted sabe que ha nacido con el propósito de adorar a Dios y de servirlo como parte de un Cuerpo. Cuando compartimos la obra de Dios con otros, encontramos que es verdad lo que Jesús dijo: "Llevad mi yugo sobre vosotros, y aprended de mí, que soy manso y humilde de corazón; y hallaréis descanso para vuestras almas; porque mi yugo es fácil, y ligera mi carga" (Mateo 11:29-30).

Trabajar bajo la gracia de su favor es como ser besado por el cielo.

Usar sus dones naturales y talentos para servir al Señor al edificar a otros en la fe de Jesús es más maravilloso de lo que puedo atreverme a describir. Permítale al Señor que se muestre de manera patente en su vida, y usted brillará. Trabajar bajo la gracia de su favor es como ser besado por el cielo.

Los dones son para servir a otros

Jesús dijo que si usted quiere ser grande en el Reino de Dios debe servir a otros "sirviendo de buena voluntad, como al Señor y no a los hombres, sabiendo que el bien que cada uno hiciere, ése recibirá del Señor, sea siervo o sea libre" (Efesios 6:7-8). Servir bajo la visión de otro hombre es uno de esos principios poderosos de Dios que es difícil de entender para el hombre natural. No tiene sentido ver que otros reciben reconocimiento mientras uno ni siquiera es notado por su contribución. Pero es sorprendente la manera en que Dios honra a la persona que sirve sin egoísmo. De hecho, yo diría que trabajar con gozo, en las sombras, es probablemente una de las experiencias más valiosas de la vida.

> *Servir bajo la visión de otro hombre es uno de esos principios poderosos de Dios que es difícil de entender para el hombre natural.*

Pablo le escribió a Timoteo sobre lo que necesitaba hacer: "Huye también de las pasiones juveniles, y sigue la justicia, la fe, el amor y la paz, con los que de corazón limpio invocan al Señor" (2 Timoteo 2:22).

Cada acto de servicio para todo el Cuerpo es valioso, y es parte del plan divino de Dios. "Así que ni el que planta es algo, ni el que riega, sino Dios, que da el crecimiento. Y el que planta y el que riega son una misma cosa; aunque cada uno recibirá su recompensa conforme a su labor. Porque nosotros somos colaboradores de Dios, y vosotros sois labranza de Dios, edificio de Dios" (1 Corintios 3:7-9). El mundo secular necesita ver al Reino, a la Iglesia, a la Esposa, con fuerza y unidad, con un mensaje sin diluir de fe, esperanza y amor.

La Palabra dice que "el anhelo ardiente de la creación es el aguardar la manifestación de los hijos de Dios" (Romanos 8:19). Cuando los cristianos comprendan quiénes son en Cristo y operen en los dones creativos que Dios les ha dado, van a observar un derramamiento sin precedentes de la gracia de Dios sobre su vida, que traerá una cosecha de almas al Reino.

La unidad y el acuerdo traen la gracia de Dios y su poder a nuestras oraciones. "Para que habite Cristo por la fe en vuestros corazones, a fin de que, arraigados y cimentados en amor, seáis plenamente capaces de comprender con todos los santos cuál sea la anchura, la longitud, la profundidad y la altura, y de conocer el amor de Cristo, que excede a todo conocimiento, para que seáis llenos de toda la plenitud de Dios" (Efesios 3:17-19).

He visto una y otra vez, de primera mano, en nuestro equipo ministerial, que está lleno de gente comprometida con la *obra de Dios,* que hay una gracia de parte del Señor bastante grande para los que están dispuestos a pagar el precio de la unidad, del trabajo duro y del sacrificio. Lo cual es costoso. Puede revelar todas las cosas que a usted no le gustan de sí mismo, y demanda una insólita medida de carencia de egoísmo. Pero su fruto es, verdaderamente, un testimonio extraordinario de la gracia y del favor del Rey.

PORQUE TÚ, OH JEHOVÁ,

BENDECIRÁS AL JUSTO;

COMO CON UN ESCUDO LO

RODEARÁS DE TU FAVOR.

Salmo 5:12

Mantenga la pureza de su camino

Once

MANTENGA LA PUREZA DE SU CAMINO

Cierta revista publicó que la artista Lily Tomlin dijo: "Siempre quise ser alguien, pero creo que debí ser más específica". ¡Me encanta! su humor nos recuerda que debemos establecer objetivos claros desde chicos, antes de que invirtamos demasiado tiempo en el camino equivocado.

Toda mi vida, antes de entregarle mi corazón a Dios, me sentí impulsada a encontrar el éxito meramente a través de mis propios esfuerzos. Solo hasta que aprendí a confiar en la gracia de Dios, pude descansar, al saber que la obra que Él hace en mí me llevará en la dirección correcta.

Todavía me esfuerzo y busco la excelencia, pues de cierta forma, confiar en Él me inspira a hacer más, ya que saber que Dios tiene un plan para mi vida me mantiene caminando en una senda recta hacia el galardón de su supremo llamamiento. "Prosigo a la meta, al premio del supremo llamamiento de Dios en Cristo Jesús" (Filipenses 3:14). Jesús dijo: "Porque donde está vuestro tesoro, allí estará también vuestro corazón" (Lucas 12:34).

El rey David reflexionaba: "¿Con qué limpiará el joven su camino? Con guardar tu palabra. Con todo mi corazón te he buscado; no me dejes desviarme de tus mandamientos. En mi corazón he guardado tus dichos, para no pecar contra ti" (Salmo 119:9-11). Valoro mucho la gracia que Dios le ha dado a nuestro equipo de adoración. Valoro mucho su Palabra y suelo pedirle que me libre de pecar en contra de Él.

Una de las tentaciones más difíciles cuando seguimos al Señor y uno de los obstáculos para el fluir de su gracia, es nuestro propio orgullo. Cuando la gracia brilla sobre nosotros tendemos a llamar la atención de los demás. Caer en la tentación de disfrutar demasiado de tal honor puede robarnos la belleza de la gracia inmerecida de Dios. Tan pronto como comencemos a pensar que somos "el regalo de Dios para el mundo", nos iremos alejando de la gloria que Él quiere derramar sobre nosotros. Nunca debemos de olvidar quién nos ha dado los dones y para quién son, si no seremos tentados a recibir toda la gloria para nosotros mismos o a venderla muy barato.

La oración de David en el Salmo 51:10-13 es una petición poderosa que podemos presentar delante de Dios.

> *Crea en mí, oh Dios, un corazón limpio,*
> *y renueva un espíritu recto dentro de mí.*
> *No me eches de delante de ti,*
> *y no quites de mí tu santo Espíritu.*
> *Vuélveme el gozo de tu salvación,*
> *y espíritu noble me sustente.*
> *Entonces enseñaré a los transgresores tus caminos,*
> *y los pecadores se convertirán a ti.*

El éxito es un gran indicador de lo que realmente hay en el corazón de una persona. A menudo, cuando a alguien se le otorga cierto honor, se revelan los verdaderos motivos de su corazón

El éxito es un gran indicador de lo que

realmente hay en el corazón de una persona.

Muchas veces he escuchado que las dificultades revelan la verdad acerca de uno mismo, pero le puedo decir que el éxito también lo hará!

> *Habla, para que pueda verte [...] El metal de una campana es reconocido por su sonido. Los pájaros revelan su naturaleza por su canto. Un búho no puede cantar como una alondra, ni un ruiseñor puede cantar como un búho. Por lo tanto, pesemos y cuidemos nuestras palabras, no sea que nos descubran como extranjeros.*
>
> SÓCRATES

Salomón escribió el propósito de la vida, diciendo: "El fin de todo el discurso oído es este: Teme a Dios, y guarda sus mandamientos; porque esto es el todo del hombre" (Eclesiastés 12:13). ¡Qué escritura tan *increíble*!

Mi corazón no está a la venta. Dios lo ha reclamado *todo* como su propiedad. El propósito de mi vida es reverenciar y adorar al Señor, y es el mismo propósito de toda persona en la Tierra (aunque no todos lo sepan).

Dios nos dice estas cinco palabras a todos nosotros: "No estás a la venta". Nuestro corazón ha sido comprado por un gran precio, y no está disponible. Sin descuentos, sin contratos financieros, sin placer momentáneo; ninguna oferta terrenal se puede comparar con el compañerismo que se les da a aquellos que aman al Señor con todo su corazón.

The Message (El mensaje), una versión en inglés de la Biblia, exhorta: "No ames los caminos del mundo. No ames las cosas del mundo. El amor del mundo echa fuera el amor del Padre Prácticamente todas las cosas que son del mundo, el querer salirse con la suya, querer todo para uno mismo, querer parecer importante, no tienen nada que ver con el Padre. Eso solo te aísla de Él. El mundo y todo lo que quiere, quiere y quiere, va a pasar pero aquél que hace lo que Dios quiere permanecerá" (1 Juan 2:15-17, traducido del inglés).

¿Cuánto vale tu primogenitura?

¡Esaú, el hermano de Jacob, solo porque estaba hambriento y había tenido un día muy cansado le vendió su primogenitura a su hermano por un plato de lentejas! Esaú tuvo un problema temporal que resolvió con arrepentimiento permanente.

> *Y guisó Jacob un potaje; y volviendo Esaú del campo, cansado, dijo a Jacob: Te ruego que me des a comer de ese guiso rojo, pues estoy muy cansado. Por tanto fue llamado su nombre Edom. Y Jacob respondió: Véndeme en este día tu primogenitura. Entonces dijo Esaú: He aquí yo me voy a morir; ¿para qué, pues, me servirá la primogenitura? Y dijo Jacob: Júramelo en este día. Y él le juró, y vendió a Jacob su primogenitura. Entonces Jacob dio a Esaú pan y del guisado de las lentejas; y él comió y bebió, y se levantó y se fue. Así menospreció Esaú la primogenitura.*
> GÉNESIS 25:29-34

Algunas veces, cuando la presión está sobre nosotros, cuando casi es demasiado fuerte como para poder soportarla, es fácil buscar soluciones rápidas, una salida, una "cláusula de escape". Pero, como mi pastor dice, ¡si una oportunidad parece demasiado buena como para ser verdad, probablemente así lo sea! No vendas tu primogenitura por un plato de lentejas.

Esaú tuvo un problema temporal que resolvió con arrepentimiento permanente.

La gracia se encuentra en la tenacidad; la gracia se revela en permanecer firme. "Pero el que guarda su palabra, en éste verdaderamente el amor de Dios se ha perfeccionado; por esto sabemos que estamos en él. El que dice que permanece en él, debe andar como él anduvo" (1 Juan 2:5-6).

En la primera carta de Pablo a Timoteo, Pablo comunica la Palabra de Dios a la iglesia, llamándonos a orar de toda forma conocida por todos aquellos que conocemos. Debemos orar por los gobernantes y sus gobiernos para que podamos vivir quieta y reposadamente. "Exhorto ante todo, a que se hagan rogativas, oraciones, peticiones y acciones de gracias, por todos los hombres; por los reyes y por todos los que están en eminencia, para que vivamos quieta y reposadamente en toda piedad y honestidad" (1 Timoteo 2:1-2). *The Message (El mensaje)*, una versión en inglés de la Biblia, dice:

> *Esta es la manera en la que nuestro Salvador Dios quiere que vivamos.*
> *Él no solo quiere que nosotros seamos salvos sino todos, tú sabes, que todos conozcan la verdad que hemos recibido: que hay un solo Dios y un solo Sumo Sacerdote mediador entre Dios y nosotros, Jesucristo, quien se ofreció a sí mismo a cambio de que todos lo que han sido cautivos por el pecado, sean hechos libres. De un momento a otro estas noticias van a ser conocidas. Esto y solo esto ha sido el trabajo que*

me ha sido asignado. Llevar estas noticias a aquellos que nunca han escuchado de Dios, y explicarles cómo pueden recibir sus beneficios por la simple fe y la llana verdad.
1 Timoteo 2:3-4 [Traducido del inglés]

Sirve sólo a Dios

"Ninguno puede servir a dos señores; porque o aborrecerá al uno y amará al otro, o estimará al uno y menospreciará al otro. No podéis servir a Dios y a las riquezas" (Mateo 6:24). ¡Es triste ver a personas tremendamente talentosas venderse por poca cosa, buscando un buen negocio, *su parte* de la acción! Nunca reciben todo lo que podrían de su actividad presente, porque siempre están buscando una oportunidad mejor. Son fieles si les conviene; buscan un camino en algún otro lado, aunque saben que lo que ellos están verdaderamente buscando solo puede ser encontrado en el Creador, no en lo creado.

Tan pronto como comencemos a creer que nuestro talento ha sido generado por nosotros mismo y que no es un don de Dios, perderemos de vista la obra de la gracia que Dios ha derramado sobre nosotros. Creo que todos nosotros batallamos con el *orgullo* en distintas dimensiones. Esta palabra de cinco letras, aunque nadie quiere hablar de ella, va a destruirlo si usted lo permite. Pero cuando se convierta en la condición principal de su corazón, entonces lo va a devastar, y la vida que sueña vivir nunca va a ser todo lo que usted desea que sea.

¿Cómo podemos saber si el orgullo ha entrado a nuestra vida? Primero, si usted se ofende *con facilidad*. Cuando juzga las cosas por sus circunstancias naturales y a través de una sabiduría humana. Ofenderse siempre es fácil, ¡pero siempre es por decisión propia! A menudo sucede porque no comprendemos el tiempo soberano y la mano de Dios sobre el mundo, porque si conociéramos confiáramos en Dios y supiéramos que Él tiene nuestra vida en el centro, no solamente de la palma de su mano sino de su corazón, entonces, sin importar lo que sucediera, permaneceríamos firmes y no nos ofenderíamos. Podríamos sacudirnos la ofensa y aprender a seguir adelante.

En los últimos cien años muchas personas en el ministerio han caído o simplemente se han alejado porque el orgullo se instaló en ellos como una ofensa. En algunos casos una sola ofensa le robó su futuro. Leemos en el libro de los Salmos: "¿Quién subirá al monte de Jehová? ¿Y quién estará en su lugar santo?" (Salmo 24:3). ¿Quién? "El limpio de manos y puro de corazón; el que no ha elevado su alma a cosas vanas, ni jurado con engaño" (v. 4). Si las manos limpias se han ensuciado, Jesús puede lavarlas a través del poder de la cruz. Y también puede limpiar nuestro corazón; no permita que su corazón sea atado, porque terminará siendo una fortaleza que lo va a atar al pasado.

Otra manera de identificar si el orgullo ha entrado en su vida, es a través del *egoísmo* el cual nunca permite que usted vea todo el panorama. Muchas veces en la Escritura encontramos la expresión "alza tu cabeza" o "alza tus ojos", que demanda acción, obediencia, y que someta usted su voluntad. Alzar los ojos indica que debe quitar su vista de sí mismo y ponerla en la fidelidad de Dios, en su plan, en sus propósitos, en su sincronización.

Si el orgullo ha entrado en su vida, va a comenzar a *pelear por sus derechos*, a pelear por su lugar, por su posición y por tener la preeminencia. Los discípulos de Jesús tenían un carácter fuerte y defendían sus opiniones y algunos de ellos eran bastante orgullosos. ¿Qué era lo que Jesús hacía cuando alguno de ellos comenzaba a pelear por sus derechos? Se alejaba. Él no podía permitir que la arrogancia estuviera cerca de Él.

Si el orgullo ha entrado en su vida, hay muchos *secretos* relacionados con usted. El Salmo 90:8 dice que nuestros pecados ocultos tienen que ser sacados a la luz en la presencia de Dios.

"Pusiste nuestras maldades delante de ti, nuestros yerros a la luz de tu rostro." La gente creé que los secretos crean misterio y un poco de asombro. Lo místico no ha sido creado así. Lo místico es creado por cosas asombrosas, por maravillas; lo místico es creado al ser conectados con la fuente del Creador del cielo y de la Tierra. Hay cierta relación entre maravillarse y permanecer en la luz de su presencia que produce lo místico, la espiritualidad en el mundo. Los secretos solo crean confusión.

Si el orgullo ha entrado en su vida, va a comenzar a *aislarse*, a retraerse. Eso puede empezar por varias razones. Quizá se sienta inadaptado; sucede a menudo cuando sentimos que las demás personas no nos comprenden o cuando hemos sido decepcionados. La decepción es algo difícil para cualquiera. Pero usted necesita entregársela a Dios o se convertirá en una pequeña raíz de amargura y poco a poco usted se distanciará más, estará menos disponible y se desconectará de sus amistades; hasta que de pronto, en el momento que alguien lo necesite y le pida ayuda, su mano permanecerá dentro de su bolsillo, rehusándose a ayudar. Aislamiento. Un hombre sabio siempre se mantiene en compañía de otros hombres sabios. "El que anda con sabios, sabio será" (Proverbios 13:20).

Otra señal de orgullo es la *necesidad de ser servido* en lugar de servir a otros. Se ha escuchado un sonido de trompeta (un llamado urgente) que ha salido a lo largo de la tierra en los últimos años. Y personas de todas las razas, edades, talentos y dones están comenzando a tomar su lugar en el Reino. Pero en donde se desvía el llamado, es cuando se convierte en una necesidad de ser servido en lugar de servir. Lo que lo va a distinguir a usted es su disposición a ayudar, a participar, a servir a otros, a entregar su vida para que otros la puedan hallar.

Usted puede evitar que el orgullo controle su vida. Vivir sin orgullo significa conocer el poder de decir: "Señor, confío en ti, aunque no entiendo lo que está pasando".

1. *Vístase de humildad*. La humildad es ser libre del orgullo y la arrogancia. Es tener una estima modesta del valor propio. Es un sentir de indignidad propia, debido a la pecaminosidad y a la imperfección. *No* es pensar de sí mismo como si usted fuera más bajo que un gusano, porque si va a estar dirigiendo a otras personas, usted debe estar al frente. ¡Pero dirigir se trata de llevar a la gente de la mano y mostrarles a Jesús, no de presumir su propia magnificencia!

A menudo, el plan de Dios nos lleva a enfrentar heridas y actitudes que no queremos enfrentar.

A menudo, el plan de Dios nos lleva a enfrentar heridas y actitudes que no queremos enfrentar. Pero, rehusarnos a tratar con ciertos asuntos no nos va a librar de sus raíces, que crecen en nuestra vida. Es semejante a la teoría del avestruz: ¡Clava tu cabeza en la tierra, y espera y ora hasta que el problema se vaya! Eso solo nos da alivio temporalmente, mientras la esencia del problema permanece sin ser tocada. El camino de la humildad y la sinceridad es el que lleva a la sanidad y a la madurez espiritual. El orgullo no puede andar esta vía; solo puede ser recorrida por los que desean la paz, a cualquier costo. El camino de la paz es el que conduce a la vida: "Bienaventurados los pacificadores, porque ellos serán llamados hijos de Dios" (Mateo 5:9).

2. *Vaya con Él*. O le cree a Dios o no. Y esa es la travesía de salvación en la que todos estamos y donde vamos a crecer. Crecemos en nuestra comprensión de su fidelidad. He visto a Dios ser fiel en mi vida tantas veces, que sería una tonta si pensara que Él no puede hacer lo que ha prometido. Mi propósito es decir que sí a la voz de Dios.

Para disfrutar de la bendición de Dios, todo lo que necesitamos hacer es aceptar su invitación. "He aquí, yo estoy a la puerta y llamo; si alguno oye mi voz y abre la puerta, entraré a él, y cenaré con él, y él conmigo" (Apocalipsis 3:20). Y decirle: *Sí, te voy a seguir a dondequiera que decidas llevarme. Voy a cenar contigo. Voy a dejar que tu gloria brille a través de mi vida. Te amo, Señor, más que a la vida.* No se necesita ningún talento espectacular para ser admitido en esa celebración.

No es que Dios no pueda utilizar a personas increíblemente dotadas, pero Jesús dijo: "Porque es más fácil pasar un camello por el ojo de una aguja, que entrar un rico en el reino de Dios. Y los que oyeron esto dijeron: ¿Quién, pues, podrá ser salvo? Él les dijo: *Lo que es imposible para los hombres, es posible para Dios*" (Lucas 18:25-27, énfasis del traductor).

Santiago 4:4-6 explica: "¿No sabéis que la amistad del mundo es enemistad contra Dios? Cualquiera, pues, que quiera ser amigo del mundo, se constituye enemigo de Dios. ¿O pensáis que la Escritura dice en vano: El Espíritu que él ha hecho morar en nosotros nos anhela celosamente? Pero él da mayor gracia. Por esto dice: Dios resiste a los soberbios, y da gracia a los humildes". El orgullo tiene una forma de echar a perder el potencial que se asemeja a tratar de encender un fuego con madera mojada.

Durante años, luché con ese sentir del "llamado de Dios" en mi vida. No tenía la revelación de que ahora vivo en la justicia de Cristo. Como esposa, como mamá, ¿cómo iba a hacer bien todo lo que sentía que debía hacer? También era bastante necia tratando de hacer todo por mí misma. Sí, sé que escuchan por ahí ese nombre: *¡Marta!* (¡Pero yo *anhelaba* ser como María!).

Un día, el sentimiento de impotencia se volvió demasiado fuerte y no lo podía vencer. Estaba cansada, tratando de hacer todo en mis propias fuerzas, y no podía ver de qué manera le podía dar más a ese sueño que Dios me había dado. Es más, me sentía muy lejos de la esperanza de hacer algo significativo en el

Reino de Dios. Simplemente, yo no tenía lo suficiente para hacer todo lo que quería hacer. ¿Le suena familiar? Bueno, Dios, que conoce mi corazón, mis errores, las cosas que he hecho mal; pero que también conoce mi potencial, vino y me rescató una vez más, justo cuando estaba a punto de renunciar y hacerme a un lado.

Me había ido a un café después de llevar a mis hijas a la escuela; me senté y comencé a llorar. La vida, como una bola de nieve, había crecido más de lo que yo podía manejar. Yo solo quería servir a Jesús, y realmente no estaba preparada para muchas de las exigencias que llegaron con mis nuevas responsabilidades como pastora de alabanza.

Yo temía que el llamado para mi vida me volvería loca. Quería renunciar, pero no podía. Así que discutí con Dios: "No es mi decisión, Señor, yo quiero servirte, pero debes llevarte este llamado de mi vida, porque me está matando. Estoy tratando de amar a mi familia, a mi iglesia, a mi trabajo; estoy tratando, pero estoy fracasando". Le rogué al Señor que me quitara ese deseo apasionado que había en mí por servirle.

La gente del café me conocía bastante bien, y estoy segura de que en ese momento ellos estaban pensando que se me "había zafado un tornillo". De pronto, escuché un golpecito en la ventana que estaba a mi lado. Levanté la vista ¡y vi a mi querida amiga Melinda Hope!, a quien no había visto en mucho tiempo. Años atrás, ella había llegado a nuestra escuela de líderes y, bueno, mi familia y yo nos enamoramos de ella y básicamente la adoptamos como si fuera parte de nosotros. Pero se casó y regresó a Tasmania (la pequeña isla que a todos se les olvida que es parte de Australia).

De pronto me sentí feliz al ver a Melinda. Cuando entró al café el llanto se me quitó por la emoción que me embargaba. Le pregunté: "¿Qué haces por aquí?", y ella me dijo: "Hemos sentido que el Señor nos ha estado hablando de mudarnos a Sidney, así que Matt (su esposo) solicitó trabajo y tiene dos entrevistas. ¿Podemos volver al rato y decirte cómo le fue?".

"¡Claro que sí!", respondí.

Esa tarde nos visitaron en casa y nos contaron que a Matt le habían ofrecido los dos trabajos que había ido a solicitar, y que podía escoger el que quisiera. Entonces Mark le dijo a Melinda: "Realmente necesitamos tu ayuda en la casa. No es nada glamoroso, necesitamos que nos ayudes a recoger a las niñas al salir de la escuela, a limpiar y hacer algunas comidas. Es que Darlene necesita un par de manos extra".

Melinda comenzó a llorar y a sonreír (¡qué es una buena manera de llorar!) y nos dijo: "Eso es lo único que quiero hacer". Su corazón siempre había sido así, sin *orgullo;* dispuesto a bendecir a cualquiera que se cruzara en su camino.

Dios es tan fiel. Ese día aprendí que cuando ya no puedo más, Él es fiel a su propósito para mí; y, en el camino, otros encuentran la manera de cumplir también con el propósito que tiene para ellos. No había mucho dinero para pagarle a Melinda; sin embargo, ella escogió bendecirnos.

Yo necesitaba un ángel que me ayudara con mis hijas, porque son más preciosas para mí que nada en el mundo. ¡Confiarlas al cuidado de alguien no es algo que esté disponible para la primera persona que encuentre en el directorio telefónico! Soy administradora de la vida de ellas, y Dios sabía lo mucho que necesitaba a alguien excelente como Melinda para que me ayudara.

Pero ese es el poder de la gracia. Mientras Dios suplía nuestras necesidades inmediatas, también estaba trabajando en las vidas de Mel y de Matt. Vi cómo Dios tomaba a estas personas maravillosas y las plantaba en Sidney. (Por supuesto, a menudo siento que las envió *solo para mí).* Han sido fieles en dejar todo para el Señor. Los he visto ser obedientes a tiempo y fuera de tiempo (cuando conviene y hasta cuando no). Los amo tanto.

También he visto el favor de Dios al bendecir su vida, porque ellos simplemente hacen lo que se necesita hacer.

Matt ahora es dueño de su propio negocio, y la bendición de Dios que está sobre él es sorprendente. Ya tienen dos hijos, y su vida ha ido de victoria en victoria. Y todo comenzó con ser siervos dispuestos y fieles.

En lo natural, hubiera sido imposible siquiera imaginar que Matt y Melinda llegarían a donde están ahora. Han sembrado humildemente en la visión de otro, en la vida de otro, y han usado sus talentos naturales para impulsar a diferentes personas en el ministerio. Han probado que su fe es lo suficientemente grande como para decir: "Lo que cueste", para buscar primero el Reino de Dios; y ahora, todas las cosas les han sido añadidas. Melinda es una prueba viviente de que Dios galardona a los que lo buscan diligentemente con todo su corazón.

Melinda y Matt unieron su propósito con el nuestro. La unidad exige una respuesta del cielo. Creo que por eso la presencia de Dios se derrama tan magníficamente sobre el Cuerpo, por ser un grupo de personas que deciden trabajar juntas para una meta común. La armonía y el acuerdo no es el estado natural del mundo de hoy.

3. *Sea parte de un equipo, de una iglesia o de una comunidad.* En una comunidad de creyentes que funciona a toda su capacidad, se cubren unos a otros; responden por la debilidad de los demás y se ayudan entre sí para brillar. Cuando comprendemos el propósito de Dios para trabajar juntos, entonces, ser parte de un equipo de creyentes y adoradores es bastante sano y poderoso.

El equipo Hillsong disfruta de gran unidad; nos edificamos unos a otros cuando nos reunimos. Esa es una de las razones principales por las cuales creo que se le ha permitido a la música de Hillsong impactar de una manera tan contundente. No viene del corazón de unas personas que han decidido hacer música juntas; sino que ha surgido de sorprendente puñado de personas ordinarias que continuamente deciden decirle que sí a la necesidad que se presente. "Y si alguno prevaleciere contra uno, dos le resistirán; y cordón de tres dobleces no se rompe pronto" (Eclesiastés 4:12).

La Palabra dice: "En él asimismo tuvimos herencia, habiendo sido predestinados conforme al propósito del que hace todas las cosas según el designio de su voluntad, a fin de que seamos para alabanza de su gloria, nosotros los que primeramente esperábamos en Cristo" (Efesios 1:11-12). Segunda de Tesalonicenses dice: "Por lo cual asimismo oramos siempre por vosotros, para que nuestro Dios os tenga por dignos de su llamamiento, y cumpla todo propósito de bondad y toda obra de fe con su poder, para que el nombre de nuestro Señor Jesucristo sea glorificado en vosotros, y vosotros en él, por la gracia de nuestro Dios y del Señor Jesucristo" (2 Tesalonicenses 1:11-12).

Muchas veces he dudado de la posibilidad de que mis propios sueños se hagan realidad. Pero el Señor me habló claramente un día diciendo: *Ya no te compliques las cosas: el matrimonio, la maternidad y el ministerio te los he dado Yo.* Y con esas palabras sopló vida en mi llamado. Una vez que supe que el deseo de mi corazón realmente le agradaba, dejé de tener problemas con la culpa y la condenación, que tratan de estrangular a *tantas* mujeres trabajadoras en nuestra sociedad. Saber que tengo su favor me impulsa a hacer lo que mi corazón tenga la pasión de hacer. Su promesa está en mi espíritu, y me ubica donde necesito estar.

El diablo a veces trata de arrebatarme esa pasión, al acusarme de indigna. O se burla de mí en los momentos de cansancio, cuando estoy esperando que Dios haga algo grande. Me dice: "Obedeciste a Dios y Dios te falló". Pero le testifico que Dios nunca me ha fallado. Y Él no le va a fallar a usted tampoco. Es fiel para guardar sus promesas. También es bueno en estirar nuestra fe para que alcance hasta el último momento, porque a veces es cuando Dios llega. Pero Él es fiel en hacer que nos sintamos realizados al llevar a cabo el propósito de nuestro llamado.

Me siento plena porque estoy caminando con el Señor, en su fuerza, no en la mía. Cuando soy obediente a su guía, el poder de su favor brilla en mi vida y hace fácil lo que de otra manera hubiera sido sumamente difícil hacer.

En la actualidad, he aprendido a confiar completamente en el propósito de Dios que opera en mi vida; ahora confío más en sus planes que en los míos. Mantengo mi mente llena de su Palabra y mi corazón lleno de alabanza. Y hago esta radical oración: *Señor, no importa lo que cueste, quiero servirte con todo mi corazón. Obra en mí para que tu perfecta voluntad se cumpla a través de mi vida.*

Dele a Dios la oportunidad de que sople en su sueño.

En la búsqueda del propósito de Dios, creo que su favor brilla sobre nosotros cuando nuestra pasión irradia a través de nuestra vida. Dele a Dios la oportunidad de que sople en su sueño. Atrévase a preguntarle si la pasión que usted tiene proviene de Él. Si se lo confirma con su Palabra, haga a un lado la duda y observe cómo su favor hará que todo se haga realidad.

Lo que usted piensa que es grande e imposible probablemente solo es la punta del iceberg de lo que Dios quiere hacer por medio de usted. Él le dará la fuerza para cumplir el sueño de usted. Lo desafío a levantar el estandarte de la intrépida pasión, que dice: "No importa lo que cueste, voy a seguir al Señor".

La pasión hace la diferencia

Cuando se le preguntó a la madre Teresa qué tipo de persona podía ayudar a resolver un problema tan abrumador como lo es la pobreza del mundo, ella respondió: "Las personas que quieren salvar al mundo nunca podrán hacerlo. Ellos siempre pierden el ánimo. Mejor envíenme a alguien que acostumbre meditar intensamente en Dios. Traigan a quien tenga un *profundo corazón para Dios*. Personas así van a servir un día a la vez".

TODOS LOS HOMBRES MUEREN,
PERO NO TODOS LOS HOMBRES
VIVEN REALMENTE.

*William Wallace, Braveheart
(Corazón Valiente)*

Como luminares en el mundo

Doce

COMO LUMINARES EN EL MUNDO

No hay nada más satisfactorio que conocer el propósito de Dios para la vida de usted y llevar fruto a través de la unción de Dios y del trabajo propio. Una vez que Dios lo toque con su poder, esa línea de incertidumbre sobre su llamado ya no lo molestará más.

Mi deseo y mi oración son que el testimonio de este libro sea un recordatorio para usted del maravilloso favor de Dios, de su bendición, de su poder, de su sonrisa, de su unción; una realidad increíble con la cual viva mientras ama al Señor con todo su corazón. La gracia de Dios es el poder que hace que sus esfuerzos por servirle a Él sean fructíferos. El favor de Dios hace que sus obras resplandezcan delante de la tierra y, por lo tanto, cumple con el llamado que Jesús ha puesto delante de usted, que dice: "Así alumbre vuestra luz delante de los hombres, para que vean vuestras buenas obras, y glorifiquen a vuestro Padre que está en los cielos" (Mateo 5:16).

La palabra *esperanza* es importante para nuestro ambiente emocional sobre la tierra, el cual es considerado sin esperanza por muchos. ¿su vida representa *esperanza*? ¿Esperanza en un Dios que no cambia... esperanza en su Palabra y en su nombre? La esperanza sugiere que hay un futuro, que hay otra oportunidad, que hay una mano para ayudarlo a levantarse, que hay fuerza para otro día... La esperanza va más allá de los límites naturales y le permite ver dentro de la tierra de las posibilidades. Usted puede ver por qué al enemigo le encantaría robarle su visión de *esperanza* y hacer que la falta de esperanza gobierne sobre sus circunstancias presentes. No le dé ese privilegio. ¡Sosténgase! Hebreos 6:19 dice: "La cual tenemos como segura y firme ancla del alma, y que penetra hasta dentro del velo".

Dentro de mi semilla-sueño de Dios está el deseo de reunir y recibir a personas de distintos estilos de vida y a animarlos a confiar su vida al Rey y a esperar en el nombre del Señor. El mundo está tan lleno de gente sin esperanza, que despiertan asustados, que se duermen más espantados que el día anterior. Sin embargo, el pueblo de Dios vive en una paz que sobrepasa todo entendimiento o habilidad. "Y la paz de Dios, que sobrepasa todo entendimiento, guardará vuestros corazones y vuestros pensamientos en Cristo Jesús" (Filipenses 4:7).

> *Levántate, resplandece; porque ha venido tu luz, y la gloria de Jehová ha nacido sobre ti. Porque he aquí que tinieblas cubrirán la tierra, y oscuridad las naciones; mas sobre ti amanecerá Jehová, y sobre ti será vista su gloria.*
> ISAÍAS 60:1-2

La Palabra enseña que debemos seguir el ejemplo de Cristo. "Haya, pues, en vosotros este sentir que hubo también en Cristo Jesús" (Filipenses 2:5). Él llevó una vida de completa obediencia. Se despojó de todos los privilegios divinos que tenía a su disposición por ser igual a Dios y se sometió como siervo a toda la humanidad. Ahora, nosotros (la Iglesia, su Cuerpo), también debemos someternos unos a otros en obediencia al propósito mayor de Dios de revelar su amor a la gente perdida, no solo a aquellos que viven en *el* mundo, sino más específicamente, a los que están en *nuestro* mundo.

Para cumplir con el mayor propósito que Dios ha planeado para este increíble tiempo en la historia, debemos rendir nuestro corazón a la tarea de fortalecer a los débiles. Filipenses 2:12-16 nos llama a rendirnos al Señor, cuando dice:

> *Por tanto, amados míos, como siempre habéis obedecido, no como en mi presencia solamente, sino mucho más ahora en mi ausencia, ocupaos en vuestra salvación con temor y temblor, porque Dios es el que en vosotros produce así el querer como el hacer, por su buena voluntad.*
>
> *Haced todo sin murmuraciones y contiendas, para que seáis irreprensibles y sencillos, hijos de Dios sin mancha en medio de una generación maligna y perversa, en medio de la cual resplandecéis como luminares en el mundo; asidos de la palabra de vida, para que en el día de Cristo yo pueda gloriarme de que no he corrido en vano, ni en vano he trabajado.*

Me *fascina* completamente esa imagen: que no *debemos resplandecer* en nuestra propia gloria, ¡sino a través de asirnos de la Palabra de vida! Es *encantador*.

El versículo 13 de este mismo pasaje, en la versión en inglés de la Biblia *The Amplified Bible (La Biblia amplificada)*, dice: "[No en nuestra propia fuerza] porque es Dios quien todo el tiempo está obrando en ustedes, estimulándolos y creando en ustedes el poder *y el deseo*, tanto del querer como del hacer para su placer, satisfacción y deleite". Dios promete hacer la obra en nosotros y a través de nosotros. Todo lo que necesitamos hacer es someter nuestra voluntad a la Suya, adorarle en verdad por quién es Él, y caminar con propósito hacia aquello que Él ha predestinado que nosotros hagamos.

En nuestra sociedad, la gente está tan acostumbrada a recibir una gratificación inmediata, que esperar el tiempo perfecto de Dios requiere de una gran fuerza de carácter. La *paciencia* tristemente se ha convertido en una de las palabras que son poco populares en la cultura instantánea de hoy. Pero Dios es un *constructor* de vidas, y los edificios más finos, los que permanecen de pie, se construyen en más tiempo. Los cimientos tienen que ser fuertes y seguros para soportar las inclemencias que puedan llegar.

Dios toma vidas comunes y corrientes y las hace florecer y llenarse de significado. Puede a veces parecer más fácil hacer obras en nuestra propia carne y en nuestras propias fuerzas, al pensar que podemos lograr que nuestros sueños se hagan realidad más rápidamente, pero la Biblia está llena de historias trágicas de personas que sabían que tenían un sueño de parte de Dios, pero casi lo sabotearon porque no estuvieron dispuestos a esperar en Dios. Sara sabía que Dios le había dicho que tendría un hijo, pero en su entusiasmo por "ayudar a Dios", envío a su sierva con Abraham para tener un hijo por medio de ella.

> *Sarai mujer de Abram no le daba hijos; y ella tenía una sierva egipcia, que se llamaba Agar. Dijo entonces Sarai a Abram: Ya ves que Jehová me ha hecho estéril; te ruego, pues, que te llegues a mi sierva; quizá tendré hijos de ella. Y atendió Abram al ruego de Sarai. Y Sarai mujer de Abram tomó a Agar su sierva egipcia, al cabo de diez años que había habitado Abram en la tierra de Canaán, y la dio por mujer a Abram su marido. Y él se llegó a Agar, la cual concibió; y cuando vio que había concebido, miraba con desprecio a su señora. Entonces Sarai dijo a Abram: Mi afrenta sea sobre ti; yo te di mi sierva por mujer, y viéndose encinta, me mira*

*con desprecio; juzgue Jehová entre tú y yo. Y respondió
Abram a Sarai: He aquí, tu sierva está en tu mano; haz
con ella lo que bien te parezca. Y como Sarai la afligía,
ella huyó de su presencia.*

GÉNESIS 16:1-6

Rebeca sabía que Jacob heredaría el derecho de primogenitura de su hermano, pero en lugar de permitir que Dios trabajara en
ello, maquinó un engaño para apresurar el proceso, y sufrió
muchos años mientras Jacob estuvo en el exilio.

*Y Rebeca estaba oyendo, cuando hablaba Isaac a
Esaú su hijo; y se fue Esaú al campo para buscar la caza
que había de traer.*

*Entonces Rebeca habló a Jacob su hijo, diciendo: He
aquí yo he oído a tu padre que hablaba con Esaú tu hermano, diciendo: Tráeme caza y hazme un guisado, para
que coma, y te bendiga en presencia de Jehová antes que
yo muera. Ahora, pues, hijo mío, obedece a mi voz en lo
que te mando. Ve ahora al ganado, y tráeme de allí dos
buenos cabritos de las cabras, y haré de ellos viandas para
tu padre, como a él le gusta; y tú las llevarás a tu padre,
y comerá, para que él te bendiga antes de su muerte. Y
Jacob dijo a Rebeca su madre: He aquí, Esaú mi hermano es hombre velloso, y yo lampiño. Quizá me palpará mi
padre, y me tendrá por burlador, y traeré sobre mí maldición y no bendición. Y su madre respondió: Hijo mío, sea
sobre mí tu maldición; solamente obedece a mi voz y ve y
tráemelos. Entonces él fue y los tomó, y los trajo a su
madre; y su madre hizo guisados, como a su padre le gustaba. Y tomó Rebeca los vestidos de Esaú su hijo mayor, los
preciosos, que ella tenía en casa, y vistió a Jacob su hijo
menor; y cubrió sus manos y la parte de su cuello donde no*

tenía vello, con las pieles de los cabritos; y entregó los guisados y el pan que había preparado, en manos de Jacob su hijo.

Entonces éste fue a su padre y dijo: Padre mío. E Isaac respondió: Heme aquí; ¿quién eres, hijo mío? Y Jacob dijo a su padre: Yo soy Esaú tu primogénito; he hecho como me dijiste: levántate ahora, y siéntate, y come de mi caza, para que me bendigas. Entonces Isaac dijo a su hijo: ¿Cómo es que la hallaste tan pronto, hijo mío? Y él respondió: Porque Jehová tu Dios hizo que la encontrase delante de mí. E Isaac dijo a Jacob: Acércate ahora, y te palparé, hijo mío, por si eres mi hijo Esaú o no. Y se acercó Jacob a su padre Isaac, quien le palpó, y dijo: La voz es la voz de Jacob, pero las manos, las manos de Esaú. Y no le conoció, porque sus manos eran vellosas como las manos de Esaú; y le bendijo. Y dijo: ¿Eres tú mi hijo Esaú? Y Jacob respondió: Yo soy. Dijo también: Acércamela, y comeré de la caza de mi hijo, para que yo te bendiga; y Jacob se la acercó, e Isaac comió; le trajo también vino, y bebió. Y le dijo Isaac su padre: Acércate ahora, y bésame, hijo mío. Y Jacob se acercó, y le besó; y olió Isaac el olor de sus vestidos, y le bendijo, diciendo:

Mira, el olor de mi hijo,
Como el olor del campo que Jehová ha bendecido;
Dios, pues, te dé del rocío del cielo,
Y de las grosuras de la tierra,
Y abundancia de trigo y de mosto.
Sírvante pueblos,
Y naciones se inclinen a ti;
Sé señor de tus hermanos,
Y se inclinen ante ti los hijos de tu madre.
Malditos los que te maldijeren,
Y benditos los que te bendijeren.
GÉNESIS 27:5-29

Y aborreció Esaú a Jacob por la bendición con que su padre le había bendecido, y dijo en su corazón: Llegarán los días del luto de mi padre, y yo mataré a mi hermano Jacob. Y fueron dichas a Rebeca las palabras de Esaú su hijo mayor; y ella envió y llamó a Jacob su hijo menor, y le dijo: He aquí, Esaú tu hermano se consuela acerca de ti con la idea de matarte. Ahora pues, hijo mío, obedece a mi voz; levántate y huye a casa de Labán mi hermano en Harán, y mora con él algunos días, hasta que el enojo de tu hermano se mitigue; hasta que se aplaque la ira de tu hermano contra ti, y olvide lo que le has hecho; yo enviaré entonces, y te traeré de allá. ¿Por qué seré privada de vosotros ambos en un día?

GÉNESIS 27:41-45

Siempre que el pueblo de Dios trató de hacer realidad el deseo de su corazón por su propio poder, pagó un fuerte precio que afectó a las generaciones siguientes.

No fuimos llamados a vivir esta vida sobrenatural con medios naturales. Fuimos creados para vivir en el poder del Espíritu Santo. Fuimos hechos para depender totalmente de Dios para lograr su sueño-semilla. "No con ejército, ni con fuerza, sino con mi Espíritu, ha dicho Jehová de los ejércitos" (Zacarías 4:6).

Muchos creyentes dudan en rendir su voluntad a Dios porque solo ven el precio de morir a sí mismos, en lugar de ver la gran recompensa que les espera si hacen lo que Dios les dice que hagan, ¡y morir a sí mismos duele!

Quizá Dios le esté pidiendo a usted que haga ciertas cosas simples al principio, como ofrecerse de voluntario para hacer algo que le quita tiempo para participar en otras actividades más emocionantes. Quizá le esté pidiendo que dé algo que tenga mucho valor para usted. Incluso quizá le pida que perdone a alguien que usted siente que no puede perdonar. Ante lo que Él desee que usted haga, la obediencia siempre traerá la mejor recompensa. Lo más probable es que no le comisione a usted un sueño mayor hasta que pruebe su fidelidad en las cosas menores.

La rápida obediencia hace que nuestro rostro irradie paz. Si confiamos en Dios, y nos sometemos y nos rendimos a su autoridad, veremos nuestro sueño volverse realidad más pronto.

Si uno está de acuerdo con alguien, es fácil someterse a él, pero eso en realidad no es sumisión. Abraham se sometió al Señor incluso cuando no estaba de acuerdo con Él. Pero como Abraham sometió su propia voluntad a la del Señor, Dios le dijo: "De cierto te bendeciré, y multiplicaré tu descendencia como las estrellas del cielo y como la arena que está a la orilla del mar; y tu descendencia poseerá las puertas de sus enemigos. En tu simiente serán benditas todas las naciones de la tierra, por cuanto obedeciste a mi voz" (Génesis 22:17-18). Todas las naciones de la tierra fueron *benditas* porque un hombre se rindió a Dios. Dios no dijo que fue por los talentos o los dones de Abraham, sino que la bendición llegó a todas las naciones por su *obediencia*.

Nuestro corazón sometido libera la gracia redentora de Dios, tanto en nuestras circunstancias como en las vidas de otros. Dios incluso nos da la fuerza, la voluntad y el deseo de obedecer a su Palabra. Él hace que la obediencia sea fácil para aquellos que someten su voluntad a la Suya. Una vez que tomamos el primer paso para obedecer, Dios hace la obra en nosotros para su propio placer, satisfacción y deleite.

Mirad, pues, que hagáis como Jehová vuestro Dios os ha mandado; no os apartéis a diestra ni a siniestra. Andad en todo el camino que Jehová vuestro Dios os ha mandado, para que viváis y os vaya bien, y tengáis largos días en la tierra que habéis de poseer.
DEUTERONOMIO 5:32-33

Si caminamos en obediencia a lo que Dios nos dice, vamos a prosperar y a vivir una vida larga y plena. Si sentimos que nos paralizamos cuando escuchamos que nos llama, posiblemente debamos repasar la lista de razones por las cuales le decimos Señor.

Nosotros reverenciamos al Señor (le tememos) por quién es Él: nuestro mejor amigo, nuestro consolador y nuestro compañero siempre presente. Él también es el Creador del universo. El Alfa y la Omega, el principio y el fin, el primero y el último. Es el autor de eterna salvación, nuestro sanador y nuestro proveedor. Él es la luz del mundo, el Lucero de la Mañana, el Mesías, nuestro Salvador. Quién es Él no puede ser expresado con nuestro idioma o dentro de los confines de la creación. Él es Señor.

¿Si caminamos en obediencia a lo que Dios nos dice, vamos a prosperar y a vivir una vida larga y plena.

Malaquías 3:16-18 dice:

Entonces los que temían a Jehová hablaron cada uno a su compañero; y Jehová escuchó y oyó, y fue escrito libro de memoria delante de él para los que temen a Jehová, y para los que piensan en su nombre. Y serán para mí especial tesoro, ha dicho Jehová de los ejércitos, en el día en que yo actúe; y los perdonaré, como el hombre que perdona a su hijo que le sirve. Entonces os volveréis, y discerniréis la diferencia entre el justo y el malo, entre el que sirve a Dios y el que no le sirve.

¡Sea sal y luz!

Nosotros, los hijos de Dios, hemos sido llamados a ser sal y luz en la tierra, al ofrecerles la Palabra de vida a todas las personas que viven en la oscura desesperación del mundo. "Para que seáis irreprensibles y sencillos, hijos de Dios sin mancha en medio de una generación maligna y perversa, en medio de la cual resplandecéis como luminares en el mundo; asidos de la palabra de vida, para que en el día de Cristo yo pueda gloriarme de que no he corrido en vano, ni en vano he trabajado" (Filipenses 2:15-16). Algunos creyentes temen perder a sus amigos si hablan y testifican de la obra que Dios realiza en sus vidas. Pero los van a perder eternamente si no les demuestran ahora el amor de Dios por ellos.

Jesús dijo:

> *Bienaventurados sois cuando por mi causa os vitupe-ren y os persigan, y digan toda clase de mal contra vosotros, mintiendo. Gozaos y alegraos, porque vuestro galardón es grande en los cielos; porque así persiguieron a los profetas que fueron antes de vosotros.*
>
> *Vosotros sois la sal de la tierra; pero si la sal se desvaneciere, ¿con qué será salada? No sirve más para nada, sino para ser echada fuera y hollada por los hombres.*
>
> *Vosotros sois la luz del mundo; una ciudad asentada sobre un monte no se puede esconder. Ni se enciende una luz y se pone debajo de un almud, sino sobre el candelero, y alumbra a todos los que están en casa. Así alumbre vuestra luz delante de los hombres, para que vean vuestras buenas obras, y glorifiquen a vuestro Padre que está en los cielos.*
>
> MATEO 5:11-16

Si tratamos de esconder la presencia de Dios en nosotros y nunca hablamos de nuestra relación con Él, ¿cómo van a poder saber los incrédulos lo que es disfrutar de vivir una relación con Cristo? Sin nuestro testimonio acerca de la gracia de Dios, el favor de Dios sobre nuestra vida puede parecer el resultado de seguir ciertas reglas. Muchas religiones ya ofrecen eso, pero el cristianismo no es una religión. No se trata de asistir a la iglesia o de llevar a cabo deberes religiosos. Nuestra plenitud es el resultado de vivir una relación con el Dios vivo.

Quizá el propósito de Dios para algunos de nosotros parezca pequeño; puede ser que solo nos llame para ayudar a pocas personas a lo largo de toda nuestra vida. Por el contrario, su propósito para otros puede ser enorme; tal vez haya plantado un sueño-semilla en uno de nosotros que va a ayudar a millones a conocerlo. Sin importar el tamaño del sueño que Dios plante en nosotros, disfrutaremos el mismo sentido de plenitud cuando su sueño para nosotros se cumpla.

La realización no depende del tamaño de nuestro sueño, sino de comprender el tamaño de la inversión que Dios hace en nosotros para ver que nuestros sueños se cumplan. Nos sentimos realizados cuando estamos conscientes de su favor en cada uno de los pasos de fe que damos, cuando vemos que su mano multiplica nuestros esfuerzos, y vemos que lo natural se transforma en sobrenatural.

La Palabra de Dios dice: "Generación a generación celebrará tus obras, y anunciará tus poderosos hechos. En la hermosura de la gloria de tu magnificencia, y en tus hechos maravillosos meditaré" (Salmo 145:4-5). También dice: "¡Quién diera que tuviesen tal corazón, que me temiesen y guardasen todos los días todos mis mandamientos, para que a ellos y a sus hijos les fuese bien para siempre!" (Deuteronomio 5:29). ¡Qué maravillosa promesa, saber que la obediencia al Señor va a bendecir a nuestros hijos para siempre!

Mis propios abuelos (a quienes llamo de cariño Nan y Pop) han caminado con el Señor durante muchos, muchos años. Nunca voy a dar por sentado sus años de sacrificio, amor y devoción a su Salvador, sus oraciones y solicitud en todo lo referente a la casa de Dios, y su total dedicación a su familia, ya que se han vuelto parte integral de mi caminar con el Señor. Somos parte de la herencia que Dios promete, por su gracia, a aquellos que lo aman.

Cuando damos gracias y alabamos a Dios

por lo que ha hecho por nosotros,

su favor se multiplica en nuestra vida.

Cuando damos gracias y alabamos a Dios por lo que ha hecho por nosotros, su favor se multiplica en nuestra vida. Cuando Jesús dio gracias por los pocos panes que se le dieron, Dios bendijo los panes y a cinco mil personas junto con ellos.

Cuando anochecía, se acercaron a él sus discípulos, diciendo: El lugar es desierto, y la hora ya pasada; despide a la multitud, para que vayan por las aldeas y compren de comer. Jesús les dijo: No tienen necesidad de irse; dadles vosotros de comer. Y ellos dijeron: No tenemos aquí sino cinco panes y dos peces. El les dijo: Traédmelos acá. Entonces mandó a la gente recostarse sobre la hierba; y tomando los cinco panes y los dos peces, y levantando los ojos al cielo, bendijo, y partió y dio los panes a los discípulos, y los discípulos a la multitud. Y comieron todos, y se saciaron; y recogieron lo que sobró de los pedazos, doce

cestas llenas. Y los que comieron fueron como cinco mil hombres, sin contar las mujeres y los niños
Mateo 14:15-21

Jesús se encontró con diez leprosos que le pidieron que los sanara, y Él los limpió de su enfermedad.

Entonces uno de ellos, viendo que había sido sanado, volvió, glorificando a Dios a gran voz, y se postró rostro en tierra a sus pies, dándole gracias; y éste era samaritano. Respondiendo Jesús, dijo: ¿No son diez los que fueron limpiados? Y los nueve, ¿dónde están? ¿No hubo quien volviese y diese gloria a Dios sino este extranjero? Y le dijo: Levántate, vete; tu fe te ha salvado.
Lucas 17:15-19

La palabra *salvado,* en este pasaje, viene de la palabra griega *sozo,* la cual la *Nueva Concordancia Strong Exhaustiva* la define como: "Librar, proteger, sanar, preservar, salvar y hacer el bien". Eso implica que el leproso que regresó a dar gracias fue salvado en cada aspecto de su vida, más allá de la enfermedad de la que había sido sanado.

Yo podría llenar páginas y páginas de todo lo que estoy agradecida con Dios. Pero, sobre todo, estoy agradecida por su gracia y su favor, por su beso celestial, tan inmerecido, pero tan necesario. Comience en donde usted está. Deleite el corazón de Dios al servirlo. Haga bien lo que tenga a la mano hoy, y *sentirá* la sonrisa de Dios sobre usted mientras tenga el deseo de amarlo por sobre todas las cosas. Reciba la bendición de Dios, querido amigo, y permita que la mano Todopoderosa de nuestro amoroso Dios lo cambie.

Como Martin Luther King dijo en uno de sus últimos sermones antes de su muerte: "No necesitas tener un título universitario para servir. No necesitas hacer concordar tu sujeto con tu verbo para servir. No necesitas saber acerca de Platón o de Aristóteles para servir. No necesitas conocer la teoría de la relatividad de Einstein para servir. Solo necesitas un corazón lleno de gracia y un alma movida por el amor. Y tú puedes ser ese siervo".

Para siempre,

Darlene Zschech

Mi oración por usted, sobre todo, es que entre en una relación divina con el autor mismo del amor, Jesucristo. Permita que su perfecto amor invada su vida y lo deje sin aliento.

No fuimos creados para vivir la vida solos, sin una relación con Jesucristo.

No fuimos creados para vivir la vida solos, sin una relación con Jesucristo. Jesús dijo: "Yo soy el camino, y la verdad, y la vida; nadie viene al Padre, sino por mí" (Juan 14:6). Si usted quiere rendirle su vida a Dios a través de la fe en Jesucristo, entonces me gustaría animarlo, con todo lo que soy, a hacer la siguiente oración, hoy.

Oración de salvación

Querido Señor Jesús:

Hoy confieso que te necesito. Gracias por morir en la cruz para que yo pudiera tener vida.
Gracias por perdonar mis pecados.
Gracias por amarme, y gracias por el privilegio de amarte.
Por favor, dame la fortaleza para seguirte esforzadamente, con todo mi corazón y con toda mi alma.
Entrego mi vida en tus manos.
Te voy a amar para siempre.

Amén

Si usted hizo esta oración por primera vez en su vida, o se ha rendido a Cristo de nueva cuenta, por favor contáctenos en *hillsong@hillsong.com* en Hillsong Church (Iglesia Hillsong)
Viva para deleitar el corazón de Dios.

Lo amo,

Darlene

"Así, pues, nosotros, como colaboradores suyos, os exhortamos también a que no recibáis en vano la gracia de Dios. Porque dice:

En tiempo aceptable te he oído,
y en día de salvación te he
socorrido.

He aquí ahora el tiempo aceptable; he aquí ahora el día de salvación."

2 Corintios 6:1-2

El beso del cielo

El beso del cielo

ESTOY CAMINANDO UNA NUEVA SENDA

NUNCA VOY A SER EL MISMO OTRA VEZ

DANZANDO UN NUEVO BAILE

EN TU LLUVIA, ESPÍRITU SANTO

TU ALIENTO DE VIDA ME HA SOBRECOGIDO

Y HA LIBERADO MI ESPÍRITU

ESTOY VIVIENDO UNA NUEVA VIDA

BAJO TU LUCERO DE LA MAÑANA

CORRIENDO UNA NUEVA CARRERA

A LA SOMBRA DE TU AMOR

TU AMOR ES INCONMENSURABLE

DEMASIADO PROFUNDO PARA COMPRENDERLO

MI JESÚS, FABRICANTE DE SUEÑOS

MI JESÚS, DADOR DE VIDA

ESTOY VIVIENDO BAJO EL BESO DEL CIELO

Y NUNCA VOY A SER EL MISMO OTRA VEZ

ESTOY CANTANDO UN CÁNTICO NUEVO

EN LA PRESENCIA DEL REY

DÁNDOTE TODO MI CORAZÓN

ESO ES TODO LO QUE PUEDO TRAER

TÚ ENCENDISTE UN FUEGO DENTRO DE MÍ

QUE PENSÉ QUE NUNCA VOLVERÍA A QUEMAR

MI JESÚS, ME RINDO

MI JESÚS, TUYO PARA SIEMPRE

VIVO EN EL ABRAZO DEL CIELO

Y NUNCA VOLVERÉ A SER EL MISMA OTRA VEZ

GRACIAS, MI PADRE

POR TODO LO QUE HAZ HECHO Y

POR TODO LO QUE HARÁS

MI PASADO QUEDA DETRÁS DE MÍ Y TÚ DELANTE

AVANZO PORQUE QUIERO MÁS.

[Traducido del inglés: The Kiss of Heaven]
© 2000 Darlene Zscech y David Moyse.
Hillsong Publishing.
ASCAP (Administrado en Estados Unidos y Canadá
por Hossanna! Music de Integrity)

*Anímate y esfuérzate, y manos a la obra; no
temas, ni desmayes, porque Jehová Dios,
mi Dios, estará contigo; él no te dejará ni te
desamparará, hasta que acabes toda la obra
para el servicio de la casa de Jehová.*
1 CRÓNICAS 28:20

DARLENE ZSCHECH ha formado parte del equipo de alabanza y adoración de Hillsong Church (Iglesia Hillsong) desde 1986, ha estado a cargo del Worship and Creative Arts Department (Departamento de Adoración y Artes Creativas) desde 1996, y es coproductora de los álbumes altamente exitosos de Hillsong Music Australia. Aunque siempre está escribiendo canciones nuevas de alabanza y adoración, es mejor conocida por la canción "Canta al Señor" que se canta alrededor del mundo. Darlene y su esposo, Mark, y sus hijas, tienen su hogar en Sydney, Australia.

Si disfrutó leyendo este libro, le invitamos a que también lea…

DARLENE ZSCHECH

ADORACIÓN

Santo, Santo, Santo es el Señor Dios todopoderoso, el que era, el que es, y el que ha de venir…

SIN RESERVAS

La compositora de una de las canciones de adoración más conocida en el mundo, "Canta al Señor"

PREPÁRESE PARA ENTRAR EN SU PRESENCIA...

Y EXPERIMENTAR LA VERDADERA INTIMIDAD.

Marcos Witt, editor ejecutivo.

Contribuidores: Danilo Montero, Marco Barrientos,
Fuchsia Pickett, Sergio Scataglini, John Bevere,
Jesús Adrián Romero, Mike Bickle, Mike Herron,
Judson Cornwall, Ron Kenoly, Kingsley Fletcher
y muchos más.